dtv

Eine junge amerikanische Naturwissenschaftlerin findet auf einer Insel im Atlantischen Ozean das Tagebuch von Robinson Crusoe. Es liegt hier in einer zweisprachigen Ausgabe vor und bietet allen Freunden der lateinischen Sprache eine vergnügliche Lektüre. Da es in einfachen Sätzen verfasst und mit den Kenntnissen des ersten Lateinjahres gut zu verstehen ist, ermöglicht es Schülern, das, was sie gelernt haben (oder gelernt haben sollten), zu festigen und zu vertiefen.

Diarium Rubeculi

Robinsons Tagebuch

Textedition: Kristof Wachinger
Übersetzung: Korbinian Kühn
Gymnasiale Supervision: Marina Ernst
Illustration: Henrike Wilson

Deutscher Taschenbuch Verlag

dtv zweisprachig

In memoriam amici
doctissimi humanissimi familiarissimi
Franz Peter Waiblinger

Ausführliche Informationen über
unsere Autoren und Bücher
finden Sie auf unserer Website
www.dtv.de

MIX
Papier aus verantwortungsvollen Quellen
FSC® C013736

Originalausgabe 2012

Umschlagkonzept: Balk & Brumshagen
Umschlagbild: Henrike Wilson
Satz: Greiner & Reichel, Köln
Druck und Bindung: Kösel, Krugzell
Gedruckt auf säurefreiem, chlorfrei gebleichtem Papier
Printed in Germany · ISBN 978-3-423-09507-5

Dieses lateinisch-deutsche Buch beginnt mit einem englisch-deutschen Text aus dem legendären I.G.A. Ihm zufolge wurde 2010 auf einer Insel vor Brasilien das lateinische Tagebuch Robinsons aufgefunden.

Robinson muss, bevor er die Schule abgebrochen hat, Lateinunterricht gehabt haben. Diese Grundkenntnisse nutzte er, um sein Latein zu trainieren. Denn er meinte, dass in Lateinamerika Latein gesprochen wird, und wollte sich mit Latinos verständigen können, wenn er welche träfe. Bis er merkte …

Robinson hatte ein englisch-lateinisches Wörterbuch zur Hand. Für die vorliegende Edition wurde ein lateinisch-deutsches Vokabelverzeichnis erstellt, das hilfreich ist, wenn die Übersetzung nicht ausreichen sollte.

Nancy Cummings, M.Sc., Ph.D., Ornithologist, Wichita State University, Wichita KS. Nancy's research focus is mapping South America's parrots. She submitted a Latin text to the I.G.A., along with her personal report:

« On the occasion of my most recent excursion alongside the shore of Brazil, we came by the uninhabited island Gov. No. 47. Fishermen from villages on the mainland had warned us that we should avoid this island. They told us that it was a haunted place and local people had not set foot on this island for many generations.

However this was exactly why we considered it very promising to explore Gov. No. 47, as we figured that a population of parrots that had lived undisturbed by humans for decades or centuries would provide unprecedented insight into parrot communication behaviour, or even interspecies communication.

On the far side of the island, facing the open sea but hidden from an unobserving sailor's view, we found a nice beach where we could land our vessel, and went inland: Me, Larry – my assistant –, and my dog Jacky. I was wearing my usual tropical outfit, especially the

International Geographic Annual 2010

Nancy Cummings, M.Sc., Ph.D., ist Ornithologin an der Wichita Universität, Wichita, Kansas, USA. Nancys Forschungsschwerpunkt ist die kartografische Erfassung südamerikanischer Papageien. Sie sandte einen lateinischen Text an das I.G.A., zusammen mit ihrem persönlichen Bericht:

«Auf meiner letzten Erkundungsfahrt entlang der Küste von Brasilien kamen wir an die unbewohnte Insel mit der amtlichen Nummer 47. Fischer in den Dörfern auf dem Festland hatten uns warnend gesagt, wir sollten diese Insel lieber meiden. Sie versicherten, es sei ein verhexter Ort, und die Menschen hier hätten seit vielen Generationen die Insel nicht betreten.

Dies war es nun gerade, warum wir es verheißungsvoll fanden, die Insel Nr. 47 zu erforschen; wir stellten uns vor, dass eine Papageien-Population, die ungestört von Menschen jahrzehnte- oder jahrhundertelang gelebt hatte, einen noch nie dagewesenen Einblick in das Kommuniktationsverhalten von Papageien bieten würde oder sogar in zwischenartliche Kommunikation.

Auf der abgelegenen Seite der Insel, zum offenen Meer hin, aber von einem unachtsamen Seefahrer nicht zu erblicken, fanden wir einen hübschen Strand, an dem unser Motorboot anlegen konnte. Wir gingen an Land: Ich, Larry – mein Assistent – und mein Hund Jacky. Ich trug meine übliche Tropenkleidung,

large hat, but Larry could only laugh at this precaution – well, he is African American and certainly less sensitive to sunburn than I am.

We approached a somewhat exposed rocky point where we could spot a palisade. This was clearly a sign of human settlement, but as nobody showed up, I concluded that the place was abandoned, at least temporarily. However, with my parrot-minded eyes, I became aware of a parrot sitting in a tree, and coming closer I could see that he was a rather old guy, as his beautifully coloured feathers had the fragile appearance typical of birds that are well advanced in years.

The parrot's reaction to our presence was totally unexpected. Several times he exclaimed « Rubaýculey, Quínte, Iácco », then flapped his wings, fell off the tree, and was dead.

(Later we had him stuffed and he is well preserved in the Department of Ornithology. My colleagues from the Molecular Biology Unit tried hard to define his age by telomere length analysis, but the method is not yet well established and reference – especially in birds – is still poorly available; they are pretty sure though that he must have been around three hundred years old when we found him, which is definitely a lot for parrots with a previously reported maximum life span of about a hundred years.)

A ladder was leaning against the palisade, but it turned out to be rotten and I could bare-

insbesondere den breiten Hut, Larry konnte nur lachen über diese Vorsicht – nun, er ist Afroamerikaner und bestimmt weniger anfällig für Sonnenbrand als ich.

Wir gingen auf eine etwas vorspringende Felswand zu, vor der wir eine Palisade sahen. Dies war ein deutliches Zeichen für eine menschliche Besiedelung, aber da sich niemand blicken ließ, schloss ich, dass der Ort verlassen war, zumindest zeitweilig. Dagegen bemerkte ich mit meinen papageiorientierten Augen einen Papagei, der auf einem Baum saß. Im Näherkommen konnte ich erkennen, dass er ein recht alter Kerl war, denn seine wunderschön bunten Federn hatten das schüttere Aussehen, das typisch ist für Vögel in sehr hohem Alter.

Der Papagei reagierte auf unser Herankommen völlig unerwartet. Mehrmals rief er « Rubeecule, Quinte, Iacco », dann schlug er mit den Flügeln, fiel vom Baum und war tot.

(Wir haben ihn dann später ausgestopft, und er wird sorgsam in unserer Ornithologischen Abteilung aufbewahrt. Die Kollegen vom Molekularbiologischen Institut versuchten mühsam, sein Alter mit Hilfe der Telomerlängenbestimmung festzustellen, aber das Verfahren steht noch nicht voll und ganz zur Verfügung, und Daten, schon gar für Vögel, sind kaum zu kriegen. Die Kollegen sind sich aber ziemlich sicher, dass der Papagei etwa dreihundert Jahre alt gewesen sein muss, als wir ihn fanden. Das ist jedenfalls gewaltig für Papageien, deren bisher nachgewiesenes Höchstalter etwa hundert Jahre ist.)

An der Palisade lehnte eine Leiter, aber die erwies sich als morsch, und ich konnte kaum Gebrauch von

ly make use of it. Larry helped me climb over the palisade. I found myself within a thirty by thirty feet square, one side defined by rocks. There was a cave in the rock face. I pulled out my flashlight and entered the cave. No doubt – people had been living here, several or many years ago.

I collected some relics of minor interest that had apparently lost or left behind, such as two plates, two spoons, a pot, a piece of cloth or handkerchief. But one thing kept fascinating me: a tin box, which I am forwarding, hereby, to your kind attention. It contains a document, handwriting on paper, in a foreign language which I suppose is Latin because the continent next to island 47 is Latin America.»

Wichita State University passed the unique document to the I.G.A. for publication. The I.G.A. is proud to present a first edition. The international copyright, however, has been transferred to Deutscher Taschenbuch Verlag (Munich, Germany).

ihr machen. Larry half mir über die Palisade zu steigen. Ich befand mich auf einem zehn mal zehn Meter großen Platz, dessen eine Seite die Felswand bildete. Vorn an der Felswand war ein Höhleneingang. Ich holte meine Taschenlampe heraus und ging in die Höhle. Kein Zweifel: Hier hatten Menschen gelebt, vor einigen oder vor vielen Jahren.

Ich nahm ein paar weniger bemerkenswerte Fundstücke mit, zum Beispiel zwei Teller, zwei Löffel, eine Schüssel, ein Stück Stoff – Halstuch oder Taschentuch. Nur ein Gegenstand fesselte mich wirklich: Eine Blechbüchse, die ich Ihnen hiermit zur freundlichen Beachtung überreiche. Sie enthält ein Dokument, handgeschrieben auf Papier, in einer fremden Sprache, ich halte für möglich Latein, denn der Kontinent, dem die Insel Nr. 47 vorgelagert ist, ist Lateinamerika.»

Die Wichita Universität hat das einzigartige Dokument ans I.G.A. zur Veröffentlichung weitergegeben. Das I.G.A. sieht sich hochgeehrt, eine Erstausgabe vorstellen zu dürfen. Das internationale Copyright allerdings ist dem Deutschen Taschenbuch Verlag in München übertragen worden.

Hodie tertius dies est in eo litore, ad quod fortuna me portavit.
Papyrum, calamum, atramentum repperi, scribere possum.
Quamquam Anglicanus sum, in lingua Latina scribam.
Nam manifestum est: Homines in America Latina Latini sunt.
Si Latinum exercebo, cum Latinis sermonem habere potero. Quos fortasse conveniam.
Sed primo de primo die, postea de posteris diebus nuntiabo.

Robinsons Tagebuch

Heute ist der dritte Tag an diesem Strand, an den mein Schicksal mich gebracht hat.
Ich habe Papier, Feder und Tinte gefunden, ich kann schreiben.
Obwohl ich Engländer bin, werde ich in lateinischer Sprache schreiben.
Denn es ist klar: Die Menschen in Lateinamerika sind Latinos.
Wenn ich Latein übe, werde ich mit Latinos sprechen können. Vielleicht werde ich welche treffen.
Aber zuerst werde ich von meinem ersten Tag berichten, später von den Tagen danach.

Magnum iter trans mare Atlanticum fecimus. Onus navis instrumenta fabrorum et agricolarum erant.
Praefectus navis vir probus erat, nautas amicos appellabam.
Verus amicus unus ex omnibus erat: Paulus. Alii comites boni erant.
In mare alto piratae nos petiverunt, sed fugere potuimus. De ea invasione fortasse postea nuntiabo.
Paene usque ad Americam Latinam perveneramus, cum ventus fortis nos terruit et denique in magna saxa misit.
Undae ingentes navem nostram pulchram et celerem, quam fabri patriae multis in mensibus construxerant, paucis in horis deleverunt.
Praefectus et omnes comites perierunt. Ego solus me a morte servare potui, quod natare possum.
Plerique nautae natare non possunt, quia dicunt neminem trans mare natare posse. Quod Paulus quoque, amicus meus iam in schola et postea in navi, existimabat.
Pater autem ad me puerum dixerat:
« Mi fili, tu quoque numquam per totum mare aut magnam partem maris natare poteris.
Sed fortasse quondam a fragmentis navis ad terram natare potes. »
Itaque exercui. Denique natare potui. Qua de causa ad eam terram perveni.
Quae aut terra continens aut insula est. Quod cognoscere volo.

Wir haben eine große Fahrt über den Atlantischen Ozean gemacht. Die Schiffsladung waren Geräte für Handwerker und Bauern.
Der Kapitän des Schiffes war ein anständiger Mann, und die Matrosen nannte ich Freunde.
Ein wirklicher Freund war nur einer von allen: Paul. Die anderen waren gute Kameraden.
Auf hoher See haben uns Seeräuber angegriffen, aber wir konnten entfliehen. Von diesem Angriff werde ich vielleicht später berichten.
Wir waren fast bis nach Lateinamerika gekommen, als ein starker Wind uns erschreckte und schließlich gegen große Felsen warf.
Gewaltige Wellen haben unser schönes schnelles Schiff, das die Handwerker unseres Heimatlandes in vielen Monaten gebaut hatten, in wenigen Stunden zerstört.
Der Kapitän und alle Gefährten kamen um. Ich allein konnte mich vor dem Tode retten, weil ich schwimmen kann.
Die meisten Seeleute können nicht schwimmen, weil sie sagen, dass niemand ein Meer durchschwimmen kann. Auch Paul, mein Freund schon in der Schule und später auf dem Schiff, meinte das.
Aber mein Vater hatte, als ich ein Junge war, gesagt: «Mein Sohn, auch du wirst nie durch ein ganzes Meer oder einen großen Teil des Meeres schwimmen können. Aber vielleicht kannst du einmal vom Wrack eines Schiffes an Land schwimmen.»
Deshalb habe ich geübt. Schließlich konnte ich schwimmen. Und darum konnte ich dieses Land erreichen.
Es ist entweder ein Festland oder eine Insel. Das will ich erkunden.

De altera parte adventus nuntiare volo.
Protinus post naufragium ad litus natavi. Sub pedibus arenam sensi, solum firmum attigi. Nonnullas palmas, unam ficum vidi. In quam ascendi et ibi somno me dedi.
Post finem noctis putabam me mortuum esse. Sed quia pedes dolebant, ad me dixi: Doleo, ergo vivo!
Statim magna cura me turbavit: Nonne aquam bibere potero? Nonne aquam suavem inveniam?
Dum paene despero, parvulum rivum vidi, secundum quem in collem ascendi usque ad fontem.
Valde gaudeo. Satis aquae bibere potero.
Et protinus fortuna mihi adfuit: Apud fontem eam cavernam animadverti, quae nunc sedes mea est.

Caelum clarum erat, mare quiescebat.
Non magna in distantia fragmenta navis vidi. In parva insula saxea iacebant. Puppim bene cognovi. Ad saxa natare decrevi. Vestes deposui, in aquam inii, natavi.
De puppi navis, quae naufragio restiterat, canem latrare audivi.
Erat Iacco. Quem cuncti nautae amaveramus. Putaveram eum heri in undis ingentibus periisse, sed vixit.
In aquam non desiluerat, quod undas vehementes timuerat.

Ich will vom zweiten Teil meiner Ankunft berichten. Gleich nach dem Schiffbruch schwamm ich ans Ufer. Ich spürte unter den Füßen Sand und erreichte festen Boden. Ich sah einige Palmen und einen Feigenbaum. Auf den stieg ich hinauf, und dort schlief ich ein.
Nach dem Ende der Nacht meinte ich, ich sei tot. Aber weil mir die Füße wehtaten, sagte ich mir: Mir tut was weh, also lebe ich!
Sofort beunruhigte mich eine große Sorge: Werde ich Wasser trinken können? Werde ich Süßwasser finden? Während ich schon fast verzweifelte, sah ich einen winzigen Bach. An dem entlang stieg ich den Hügel hinauf bis an die Quelle.
Ich bin sehr froh. Ich werde genug Wasser trinken können.
Und das Glück stand mir weiterhin zur Seite: Neben der Quelle bemerkte ich die Höhle, die jetzt meine Wohnung ist.

Der Himmel war klar, das Meer war ruhig.
In geringer Entfernung sah ich Trümmer des Schiffes. Sie lagen auf einer kleinen Felseninsel. Ich erkannte gut das Heck. Ich beschloss, zum Riff zu schwimmen. Ich legte die Kleider ab, ging ins Wasser und schwamm. Vom Schiffsheck, das dem Schiffbruch standgehalten hatte, hörte ich einen Hund bellen.
Es war Jacky. Den hatten wir Seeleute alle gern gehabt. Ich hatte gemeint, er sei gestern in den gewaltigen Wellen umgekommen, aber er lebte.
Er war nicht ins Wasser hinabgesprungen, weil er die heftigen Wellen gefürchtet hatte.

Inter saxa parvulam arenam aspexi, quam adire potui.
Nunc Iacco me cognovit. De puppi desiluit, super saxa ad me cucurrit.
Nos salutavimus. Risimus et flevimus ut duo amici, qui post totum annum absentiae tandem conveniunt.
Non solus ero. Comitem bonum habebo, cui nonnulla verba dicere potero et qui voce, vultu, gestibus respondere poterit.
Ex nonnullis fragmentis ratem construxi.
In quam nonnulla eorum, quae inveneram, imposui.
Iacco mecum in ratem iit. Quia nullum remum reperire potui, tabula habili in litus meum navigavi.

Zwischen den Felsen fand ich ein kleines Stück Sand, das ich betreten konnte.
Jetzt erkannte mich Jacky. Er sprang vom Heck herunter und lief über die Steine auf mich zu.
Wir begrüßten uns. Wir lachten und weinten wie zwei Freunde, die sich nach einem ganzen Jahr Abwesenheit endlich wieder treffen.
Ich werde nicht allein sein. Ich werde einen guten Kameraden haben, zu dem ich ein paar Worte sagen und der mit seiner Stimme, seinem Gesicht und seinen Bewegungen antworten kann.
Aus einigen Trümmern baute ich ein Floß. Darauf stellte ich einiges von dem, was ich gefunden hatte.
Jacky ging mit mir auf das Floß. Weil ich kein Ruder finden konnte, paddelte ich mit einem handlichen Brett an meinen Strand.

Hodie diarium scribere desino. Lassus sum et quiescere volo. Cras aut postea de praeda mea narrabo.

Heri et hodie ad saxa navigavi et res, quae mihi adesse possunt, apportavi.
In fragmentis navis, sub puppim, cameras vidi, in quas magna copia aquae intrare non potuerat.
Una camera plena ciborum erat. Alia camera instrumenta fabrorum continebat, alia res agriculturae, alia arma et cistas pulveris.
In camera praefecti candelas, libros, copias papyri, calamum, atramentum repperi.

Heute höre ich mit Tagebuchschreiben auf. Ich bin müde und will ausruhen. Morgen oder später werde ich von meiner Beute erzählen.

Gestern und heute bin ich zum Riff gefahren und habe Sachen, die mir nützlich sein können, hergebracht.
Im Wrack, unter dem Achterdeck, sah ich Kammern, in die nicht viel Wasser hatte eindringen können.
Eine Kammer war voller Nahrungsmittel. Eine andere enthielt Werkzeuge für Handwerker, eine andere Geräte für die Landwirtschaft, eine andere Waffen und Pulverkisten.
Im Raum des Kapitäns fand ich Kerzen, Bücher, eine Menge Papier, eine Schreibfeder und Tinte.

Pulverem unius cistae in mare demisi. Cistam eis rebus complevi, quibus scribere volui et nunc scribo.
Addidi duos libros: Scripturam Sacram et vocabularium Anglicanum-Latinum. Maculae atramenti in eo me non turbant.
In una cista, quae scripturam PULV.MIR. gerebat, multae parvulae cistulae erant. Quas linum ad catenam iunxit.
Paulus amicus consilium habuerat:
« Si ad litus Americanum-Latinum perveniemus, ignem gaudii faciam. Vos omnes explosione ingenti stupebitis. »
Nunc Paulus mortuus erat. Sed cista sua adfuit. Quam mecum cepi.

Hodie kalendarium facere incepi.
Cultro in palum signum incido, diem de die unam notam parvam.
Dies naufragii dies Solis fuit. Septimus dies post naufragium iterum dies Solis est. Eo die et omni die septimo magnam notam in palum incidam.

Das Pulver aus einer Kiste schüttete ich ins Meer. Dort hinein packte ich die Sachen, mit denen ich schreiben wollte und nun schreibe.
Ich tat zwei Bücher dazu: die Bibel und ein englisch-lateinisches Wörterbuch. Die Tintenkleckse darin stören mich nicht.
In einer Kiste mit der Aufschrift PULV.MIR. waren viele ganz kleine Kästchen. Eine Schnur verband sie zu einer Kette.
Mein Freund Paul hatte einen Plan gehabt:
« Wenn wir die lateinamerikanische Küste erreichen, werde ich ein Freudenfeuer machen. Ihr werdet alle über eine gewaltige Explosion staunen. »
Jetzt war Paul tot. Aber seine Kiste war noch da. Ich nahm sie mit mir.

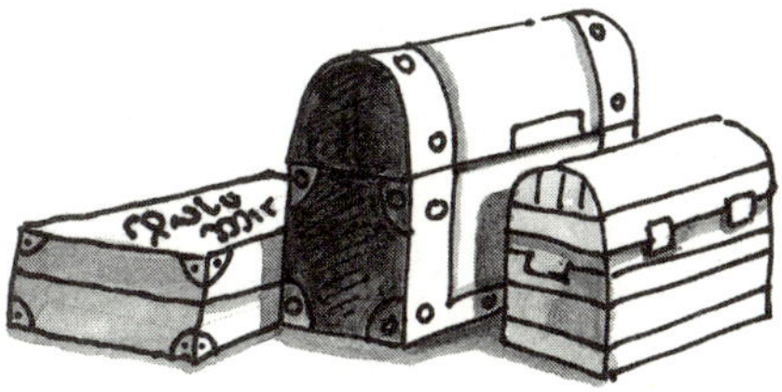

Heute begann ich einen Kalender zu machen.
Mit einem Messer schneide ich ein Zeichen in einen Pfahl, jeden Tag eine kleine Marke.
Der Tag des Schiffbruchs war ein Sonntag. Der siebte Tag nach dem Schiffbruch ist wieder Sonntag. An diesem und an jedem siebten Tag werde ich eine große Marke in den Pfahl schneiden.

Die Solis me orare oportet. Orabo preces, quae incipiunt « Pater noster ».
Ceteris diebus solum oro : « Care deus, memento Rubeculi tui ! » Sic orare mater me docuit.
(No, of course she was saying it in English : « Lord, gratiously keep Robbi in yor care ! »)

Estne ea terra, ad quam perveni, terra continens ? Estne insula ? Fortasse est paeninsula. Quod cras reperire cupio.

Insula est.
Heri sclopetum et cibos et aquam mecum portavi et secundum litus ii. Iacco aderat.

Am Sonntag muss ich beten. Ich werde das Gebet beten, das mit « Vater unser » beginnt.
An den übrigen Tagen bete ich nur: « Lieber Gott, denk an deinen Rubeculus ! » So zu beten hat meine Mutter mich gelehrt.
(Nein, natürlich sagte sie es auf Englisch: « Lieber Gott, denk an deinen Robbi ! »)

Ist das Land, an das ich gelangt bin, Festland? Ist es eine Insel? Vielleicht ist es eine Halbinsel. Das will ich morgen herauskriegen.

Es ist eine Insel.
Gestern nahm ich ein Gewehr und Essen und Wasser mit und ging die Küste entlang. Jacky war dabei.

Mox ad finem arenae venimus. Per silvam densam viam aperire debui. Pedibus dolui. Cur ego stultus sine caligis tantum iter inceperam?
Per arbores magna in distantia lineam vidi. Eratne ea linea terra continens?
Sol occidit, nox repente venit. Paucos tantum passus ire potuimus.
Cenam cepimus, aquam bibimus. Ego somno me dedi, Iacco vigilabat.
Prima luce ire volui, cum cavernam meam aspexi. Ergo in circulo cucurreramus.
Neque aedes hominum neque signa laborum, quos homines agunt, animadverteram.
Ego, civis Britannicus, unus homo in ea insula sum. Ergo manifestum est regem Britanniae dominum insulae esse.
Insulam Novam Britanniam appellare licet.

Bald kamen wir an das Ende des Sandes. Ich musste mir durch dichten Wald einen Weg bahnen. Die Füße taten mir weh. Warum hatte ich Dummkopf einen so großen Marsch ohne Schuhe begonnen?

Zwischen den Bäumen hindurch sah ich in großer Entfernung eine Linie. War die Linie das Festland?

Die Sonne ging unter, die Nacht kam plötzlich. Wir konnten nur noch wenige Schritte gehen.

Wir aßen etwas und tranken Wasser. Ich legte mich schlafen, Jacky blieb wach.

Frühmorgens wollte ich weitergehen, als ich meine Höhle vor mir sah. Wir waren also im Kreis gelaufen.

Ich hatte weder menschliche Behausungen bemerkt noch Anzeichen von Arbeiten, die Menschen verrichten.

Ich, ein britischer Bürger, bin der einzige Mensch auf dieser Insel. Deshalb ist es offenkundig, dass der König von Britannien der Herr dieser Insel ist.

Man darf die Insel Neu-Britannien nennen.

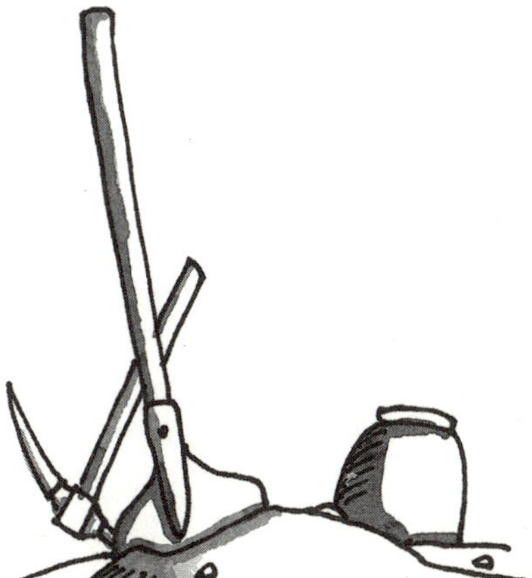

Hodie agricola laboravi. Partem soli agrum paravi.
Parvam copiam granorum ex fragmentis navis servare potueram.
Ea grana in solum imposui. Fortasse ex iis paucis granis herbae crescent, quae multa grana parient.
Tum alteram partem granorum edam, alteram partem iterum in solum imponam.

Iacconem rogavi: «Putasne bestias in insula vivere?»
Iacco nesciit, sed vultus sua confirmavit:
Bestias timere non oportet, nam Iacco adest.
Quem si bestiae audient, fugient.
Sed fortasse piratae ad insulam meam venient et me terrebunt.
Itaque praesidium construxi, non saxis, sed palis. Quibus parvum hortum ante cavernam circumdedi.
Agrum, litus, mare per fenestras parvulas videre possum. Pro Iaccone portam parvam feci.
Si piratae sedem meam petent, pali eos prohibebunt et ego sclopetis tela mittam.
(My dictionary tells me for *engl.* gun *lat.* sclopetum. Odd: the Old Latins did not yet have guns, but they already have had a word for them.)
Sedes mea castellum meum est.

Heute habe ich als Bauer gearbeitet. Ein Stück Erde habe ich als Acker hergerichtet.
Ich hatte eine kleine Menge Körner aus den Trümmern des Schiffes retten können.
Die Körner legte ich in die Erde. Vielleicht werden aus den wenigen Körnern Halme wachsen, die viele Körner hervorbringen.
Dann werde ich einen Teil der Körner essen und den anderen Teil wieder in die Erde stecken.

Ich fragte Jacky: «Meinst du, dass wilde Tiere auf der Insel leben?»
Jacky wusste es nicht, aber seine Miene versicherte: Angst vor wilden Tieren ist nicht nötig, denn Jacky ist da. Wenn wilde Tiere ihn hören, werden sie weglaufen.
Aber vielleicht werden Seeräuber auf meine Insel kommen und mich erschrecken.
Deshalb habe ich eine Schanze gebaut, nicht aus Steinen, sondern aus Pfählen. Mit denen habe ich einen kleinen Garten vor der Höhle umgeben.
Den Acker, den Strand und das Meer kann ich durch winzige Fenster sehen. Für Jacky habe ich ein kleines Tor gemacht.
Wenn Piraten mein Heim angreifen, wird die Palisade sie abhalten und ich werde mit den Gewehren Kugeln hinausschießen.
(Mein Wörterbuch sagt mir für *engl.* gun *lat.* sclopetum. Komisch: die Alten Lateiner hatten noch gar keine Gewehre, aber sie hatten schon ein Wort dafür.)
Mein Heim ist meine Burg.

Piratae magna cura mea sunt. Nam eos cognovi.
Quondam in mare Atlantico nox obscura erat, cum piratae navem nostram capere voluerunt.
Nautae clamabant: « Piratae veniunt et nos superare volunt. Defendite navem ! »
Arma cepimus, invasionem exspectavimus.
Tum praefectus noster animadvertit ventum fortem adire. Navem vertere imperavit.
Nautae paruerunt, navis quoque paruit.
Piratae non tam bene navigare potuerunt.
Prudentia praefecti nostri vicit.
Quia ventus et fortuna nobis aderant, piratas fugere et nos servare potuimus.

Die Seeräuber sind meine große Sorge. Denn ich habe sie kennengelernt.

Einmal im Atlantik war finstere Nacht, als Seeräuber unser Schiff kapern wollten.

Die Matrosen riefen: « Seeräuber kommen und wollen uns überwältigen. Verteidigt das Schiff ! »

Wir nahmen Waffen, wir erwarteten den Angriff.

Da bemerkte unser Kapitän, dass ein starker Wind aufkam. Er befahl, das Schiff zu wenden.

Die Matrosen gehorchten, und auch das Schiff gehorchte. Die Seeräuber konnten nicht so gut segeln. Die Klugheit unseres Kapitäns hat gesiegt.

Weil der Wind und das Glück uns halfen, konnten wir vor den Seeräubern fliehen und uns retten.

Quomodo ego ex hortulo exire et in hortulum inire possum?
Duas scalas habeo. Quas ad palos pono, alteram ascendo, alteram tollo et extra palos pono. Ea descendo et eam inter saxa moveo. Nemo eam reperiet.
Latinos, qui insulam meam petent, homines improbos esse non exspecto. Pirataene autem venient?

Hodie iterum cum Iaccone per ratem ad saxa navigavi.
Dum redimus, ventus fortis paene onus in mare misit, paene ratem delevit.
Ego paene in aquam cecidi, Iacco vero cecidit. Semper putaverat se natare non posse, sed nunc natare potuit. Itaque superbus erat.

Hodie in fragmentis, post tabulas, quas tempestas de summa puppi demiserat, horologium repperi. Quod restituere potui.

Multos dies in agro laborabam, multos dies ad saxa ibamus.
Nunc Iacco semper iuxta ratem natat, ad saxa et ad litus. Vehiculo tam periculoso navigare non iam vult.

Wie kann ich aus dem Gärtchen hinaus- und ins Gärtchen hineingelangen?
Ich habe zwei Leitern. Ich stelle sie an die Palisade, steige die eine hinauf, hebe die andere hoch und lehne sie außen an. Ich steige auf ihr hinab und schiebe sie zwischen Steine. Niemand wird sie finden.
Dass die Latinos, die meine Insel aufsuchen, böse Menschen sind, erwarte ich nicht. Aber werden Seeräuber kommen?

Heute bin ich wieder mit Jacky auf dem Floß zum Riff gefahren.
Während wir zurückfuhren, hätte ein Windstoß fast die Ladung ins Meer geworfen, fast das Floß zerstört. Ich fiel fast ins Wasser, Jacky fiel wirklich hinein. Er hatte immer gemeint, dass er nicht schwimmen kann, aber nun konnte er es. Deswegen war er stolz.

Heute habe ich im Wrack, hinter Brettern, die der Sturm vom Deck des Hecks heruntergeworfen hatte, eine Uhr gefunden. Ich konnte sie in Gang setzen.

Viele Tage habe ich auf dem Acker gearbeitet, viele Tage sind wir zum Riff gefahren.
Jetzt schwimmt Jacky immer neben dem Floß her, zum Riff und zur Küste. Mit einem so gefährlichen Fahrzeug will er nicht mehr fahren.

Primis in mensibus nondum ignem habebam. Cogitabam: Quomodo, cum pluviae tempus veniet, sedem meam calefacere, quomodo cenam coquere potero? Num flammas, quas fulgur pariet, exspectare debeo?
Hodie in cista lentem vitream inveni. Ignem facere potero.
Quod Paulus amicus mihi demonstravit.
Simul dixit:
« Luce solis, duabus manibus quietis, folio papyri, lente vitrea eges.
Sume altera manu lentem, altera manu papyrum.
Radii solis per lentem ad papyrum penetrant.
Duc lentem super folium – primo duc eam prope ad papyrum et deinde abduc eam a papyro.
Duc lentem in varias distantias, usque ad eum locum, ubi radios solis in minimum punctum conducit.
Quo in puncto, quod focum nominamus, sol per lentem magnum ardorem parit.
Ecce! In foco sol papyrum incendit. Ea flamma alias materias incendere potes. »
Id consilium et id exemplum Paulus mihi dedit. Lentem mecum in insulam portavi.
Cras solem exspectabo.
Papyrum flammis dare nolo. Quem pro diario servare volo. Sed etiam folia arida arborum bene ardebunt.

In den ersten Monaten hatte ich noch kein Feuer. Ich überlegte: Wie werde ich, wenn die Regenzeit kommt, meine Wohnung heizen, wie werde ich Essen kochen können? Muss ich etwa auf Flammen warten, die ein Blitz verursacht?
Heute habe ich in einer Kiste eine gläserne Linse gefunden. Ich werde Feuer machen können.
Das hat mir mein Freund Paul genau gezeigt. Dazu sagte er:
«Du brauchst Sonnenschein, zwei ruhige Hände, ein Blatt Papier und eine gläserne Linse.
Nimm mit der einen Hand die Linse, mit der anderen das Papier.
Die Sonnenstrahlen dringen durch die Linse aufs Papier.
Führ die Linse über das Blatt, führ sie erst nah ans Papier heran, dann führ sie weiter weg.
Bring sie in verschiedene Abstände, bis an die Stelle, wo sie die Sonnenstrahlen in einem ganz kleinen Punkt zusammenführt.
In diesem Punkt, den wir Brennpunkt nennen, erzeugt die Sonne durch die Linse eine große Hitze.
Schau! Im Brennpunkt entzündet die Sonne das Papier.
Mit der Flamme kannst du anderes Material anzünden.»
Diesen Rat und dieses Beispiel gab mir Paul. Ich nahm die Linse mit auf die Insel.
Morgen werde ich auf die Sonne warten.
Ich will nicht Papier verbrennen. Das will ich lieber für mein Tagebuch aufheben. Aber auch trockene Blätter von Bäumen werden gut brennen.

Pro lente ex partibus instrumentorum apparatum stabilem mirabilem construxi, cuius auxilio focum bene reperire possum.
Sed studeo perpetuam ignem aut ardorem habere. Nam nonnumquam noctu legere aut scribere volo. Tum candelam ardere oportet.

Ante cavernam tectum construxi.
Tecto contentus sum, quia simul umbra et lux clara adsunt. Clara luce librum legere iucundum est.
Historias Novi Testamenti bene cognovi. Testamentum Antiquum ignoraveram. Quod plerisque in diebus lego.
Imprimis historia de Iona me delectat. Quem piscis ingens devoravit et post tres dies ad litus vomit.
O, quam dulce est, post exsilium redire!

Für die Linse habe ich aus Werkzeugteilen ein wunderbares Gestell gebaut, mit dessen Hilfe ich den Brennpunkt gut finden kann.
Ich gebe mir aber Mühe, ständig Feuer oder Glut zu haben. Denn manchmal mag ich nachts lesen oder schreiben. Dann ist es nötig, dass eine Kerze brennt.

Vor der Höhle habe ich ein Dach gebaut.
Mit dem Dach bin ich zufrieden, weil zugleich Schatten und helles Licht da sind. Bei hellem Licht ein Buch lesen ist angenehm.
Die Geschichten des Neuen Testaments kenne ich gut.
Das Alte Testament hatte ich noch nicht gekannt. Das lese ich an den meisten Tagen.
Besonders gefällt mir die Geschichte von Jona. Den hat ein riesiger Fisch verschlungen und nach drei Tagen an eine Küste ausgespien.
O, wie süß ist es, aus einem Exil zurückzukehren!

Tempestas fortis me in cavernam misit.
In luce candelae parvam notam scribo.
Flamma tremit. Puto motum terrae esse.
Animo deficio. In tanto timore orabo.

Saxa cum puppi navis…
(Damn it ! I don't know the Latin word for «disappear». That page in my dictionary is spoiled by a spot of ink. At school we didn't learn a Latin word for that event. But we learned *lat.* apparere for *engl.* appear. I herewith create *lat.* disapparere for *engl.* disappear. Therefore:)
Saxa cum puppi navis disapparuerunt. De ea re narrabo:
Nox fera fuerat. Sed postremo in somnum gravem cecideram.
Iacco me excitavit. Sol in caelo alto stetit. Tectum, caverna, pali steterunt.
Ad parvulas fenestras properavi. Fragmenta arborum, fragmentula navis in litore iacebant. Undae altae, sed non ferae ad litus veniebant. Ubi cunctis in diebus puppim navis videram, nihil vidi. Neque navem neque saxa vidi. Aquam tantum maris Atlantici vidi.
Primo clamavi: «Perii!»
Sed paulo post mecum cogitavi:
Etsi nihil de nave apportare potero, tamen vivam. Ea, quae iam apportavi, et ea, quae insula parit, mihi aderunt.

Ein heftiger Sturm hat mich in die Höhle getrieben.
Bei Kerzenlicht schreibe ich eine kleine Notiz.
Die Flamme zittert. Ich vermute, es ist ein Erdbeben.
Mich verlässt der Mut. In so großer Angst will ich beten.

Das Riff mit dem Schiffsheck …
(Verdammt ! Ich weiß nicht das lateinische Wort für « disappear ». Die Seite in meinem Wörterbuch ist durch einen Tintenklecks verdorben. In der Schule haben wir kein lateinisches Wort für den Vorgang gelernt.
Aber wir haben gelernt *lat.* apparere für *engl.* appear.
Hiermit erfinde ich *lat.* disapparere für *engl.* disappear.
Darum :)
Das Riff mit dem Schiffsheck ist verschwunden. Davon will ich berichten :
Es war eine wilde Nacht gewesen. Aber schließlich war ich in einen tiefen Schlaf gefallen.
Jacky weckte mich. Die Sonne stand hoch am Himmel.
Das Dach, die Höhle und die Palisade standen.
Ich eilte an die Sehschlitze. Abgebrochene Äste und Überbleibsel vom Schiff lagen am Strand.
Hohe, aber nicht wilde Wogen kamen ans Ufer.
Wo ich all die Tage das Heck des Schiffes gesehen hatte, sah ich nichts. Ich sah weder das Schiff noch Felsen.
Ich sah nur das Wasser des Atlantischen Ozeans.
Erst rief ich : « Ich bin verloren ! »
Aber gleich danach dachte ich mir :
Auch wenn ich nichts vom Schiff beschaffen kann, werde ich doch leben. Was ich schon hergebracht habe und was meine Insel hervorbringt, wird mir helfen.

Frumentum bene crescit. E granis farinam, e farina panem faciam.
Ex olivis oleum pariam. Fortasse ex uvis vinum parare potero.
Mel non habeo. Apes in insula adsunt, sed gentem apium in cistam aut corbem capere non audeo.
Timeo apes. Centum aut mille earum me interficere possunt.
Sed satis dulciorum reperio. Fructus de multis palmis – palmas – et de fico, quam maxime amo, me delectant.
Etiam radices variae crescunt. Imprimis ei fructus soli mihi cari sunt, qui colorem terrae et formam ovorum habent.
(This is how I try to describe papas. I didn't find the word in my dictionary. Sir Walter Raleigh has imported the first ones from America to Younghall, a hundred years ago. Their modern name, I've been told, is: potatoes.)
Salem a mare accipio. Tabulam in lucem solis pono. Aquam maris superfundo. Sol aquam bibit, in tabula grana salis restant.
Unum cibum desidero: lac. Boves in insula non adsunt, sed caprae. Capram capere volo.

Per multas septimanas horologium et solem observabam. Et dies et noctes duodecim horas manent.
Hic in Nova Britannia sol celeriter apparet et occidit, sine luce incerta.

Das Getreide wächst gut. Aus den Körnern werde ich Mehl, aus dem Mehl Brot machen.
Aus Oliven werde ich Öl gewinnen. Vielleicht kann ich aus Weintrauben Wein zubereiten.
Honig habe ich nicht. Es gibt hier auf der Insel Bienen, aber ich traue mich nicht, ein Bienenvolk in eine Kiste oder einen Korb einzuschlagen.
Ich fürchte die Bienen. Hundert oder tausend von ihnen können mich stechen und umbringen.
Aber ich finde genug Süßes. Früchte von den vielen Palmen – Datteln – und von dem Baum, den ich am liebsten habe, dem Feigenbaum, schmecken mir.
Es wachsen auch verschiedene Wurzeln. Besonders diejenigen Bodenfrüchte sind mir lieb, die die Farbe der Erde und die Form von Eiern haben.
(So versuche ich Papas zu beschreiben. Das Wort habe ich im Wörterbuch nicht gefunden. Die ersten Papas hat vor hundert Jahren Sir Walter Raleigh aus Amerika nach Younghall gebracht. Ihr moderner Name, habe ich gehört, ist: Kartoffeln.)
Salz erhalte ich aus dem Meer. Ich lege ein Brett in die Sonne. Darüber gieße ich Meerwasser. Die Sonne saugt das Wasser auf, und auf dem Brett bleiben Salzkörner.
Ein Nahrungsmittel vermisse ich: Milch. Rinder gibt es hier nicht, aber Ziegen. Ich will eine Ziege einfangen.

Viele Wochen lang habe ich die Uhr und die Sonne beobachtet. Die Tage und die Nächte dauern je zwölf Stunden.
Hier in Neu-Britannien geht die Sonne rasch auf und unter, ohne Dämmerung.

De caelo terraque cogito.
Paucos dies ante naufragium Aequatorem transiimus. Praefectus navis nos docuit:
« Ea linea, quam non videre, sed cogitare potestis, medium globum circumdat.
Scitis terram nostram globum esse, qui se vertit et circum solem currit.
Cogitate Aequatorem rotam esse, cui pro una rotatione uno die, pro toto itinere circum solem uno anno opus est.
In regionibus apud Aequatorem totum per annum noctibus et diebus tempus aequum est. »
De eo nunc scio me apud Aequatorem vivere.
Praefectus addidit: « Una res difficilis restat.
De qua nuntiabo, si in patriam navigabimus
et iterum lineam transibimus. »
Lineam non iam transibit. In mare periit. Certe magnus piscis eum devoravit.

Speculum in puppi navis non repperi. Sed
quia solus homo in insula sum, non oportet
me vultum meum spectare.
Capilli mei rubri sunt. Qua de causa parentes
me Rubeculum nominaverunt.
(In English, they called me Robin or Robinson.
The bird Robin, however, doesn't have red
hair on its head, but red feathers on its chest.)
Etiam barba mea rubra est. Si Latini me
aspicient, fortasse me timent. Sed Latini non
venient.
Fortasse piratae.

Ich denke über Himmel und Erde nach.
Wenige Tage vor dem Schiffbruch haben wir den Äquator überschritten. Der Kapitän hat uns unterrichtet:
« Diese Linie, die ihr nicht sehen, aber euch vorstellen könnt, umgibt die Mitte der Erdkugel.
Ihr wisst, dass unsere Erde eine Kugel ist, die sich dreht und um die Sonne kreist.
Stellt euch vor, dass der Äquator ein Rad ist, das für eine Umdrehung einen Tag und für den ganzen Weg um die Sonne ein Jahr braucht.
In Gebieten am Äquator dauern das ganze Jahr über Tag und Nacht gleich lang. »
Daher weiß ich jetzt, dass ich am Äquator lebe.
Der Kapitän hat hinzugefügt: « Es bleibt noch eine Schwierigkeit. Davon werde ich berichten, wenn wir nach Hause fahren und die Linie wieder überschreiten. »
Er wird sie nicht mehr überschreiten. Er ist ertrunken.
Bestimmt hat ein großer Fisch ihn verschlungen.

Einen Spiegel habe ich im Schiffsheck nicht gefunden.
Aber da ich der einzige Mensch auf der Insel bin, brauche ich mein Gesicht nicht zu betrachten.
Meine Haare sind rot. Darum haben mich meine Eltern « Rotchen » genannt.
(Auf Englisch nannten sie mich Robin oder Robinson.
Das Rotkehlchen hat allerdings nicht rote Haare auf dem Kopf, sondern rote Federn auf der Brust.)
Auch mein Bart ist rot. Wenn mich Latinos sehen, werden sie vielleicht Angst vor mir haben. Aber Latinos werden nicht kommen.
Vielleicht Seeräuber.

Animal necavi, leporem parvum, quem Iacco apportaverat. Cenam bonam habere volui. Antea saepe animalia necabam, plerumque pisces. De qua re non cogitabam. Sed nex eius leporis me terruit.
Tristis sum. Mecum cogito: Num licet necare? Sed protinus interrogo me: Nonne licet carnem edere?
Concedere debeo non solum cibus agriculturae sed etiam carnem animalium me delectare. Magnae bestiae parva animalia, magni pisces parvos pisces, ingentes pisces nonnumquam etiam homines edunt.
Qui omnes ea recte faciunt. Cur tamen ego non contentus sum?
Postea animalia adulta tantum, neque pullum neque matrem pulli necabo.

Putaveram Iacconem capram capere posse. Ad litus iimus. Capram pulchram ad rivum stare et bibere vidimus. Iacco currere incipit, capram ad me agere voluit, sed ea in silvam densam fugit.

Ich habe ein Tier getötet, ein Häschen, das Jacky angeschleppt hatte. Ich wollte ein gutes Essen haben.
Ich habe früher oft Tiere getötet, vor allem Fische. Darüber habe ich mir keine Gedanken gemacht. Aber der Tod dieses Hasen hat mich erschreckt.
Ich bin traurig. Ich überlege: Darf man denn töten? Aber gleich danach frage ich mich: Darf man etwa nicht Fleisch essen?
Ich muss zugeben, dass mir nicht nur Nahrung aus dem Ackerbau, sondern auch Fleisch von Tieren schmeckt. Große Tiere fressen kleine Tiere, große Fische fressen kleine Fische, riesige Fische fressen manchmal auch Menschen.
Sie alle tun das zu Recht. Warum bin ich trotzdem nicht zufrieden?
Von nun an werde ich nur erwachsene Tiere töten, kein Jungtier und keine Mutter eines Jungtiers.

Ich hatte gemeint, Jacky könne eine Ziege einfangen. Wir gingen an den Strand. Wir sahen eine schöne Ziege am Bach stehen und trinken. Jacky begann zu laufen, er wollte die Ziege zu mir herantreiben, aber sie floh in den dichten Wald.

Nunc totum annum in insula vivo. In kalendario eum diem exspectaveram.
Kalendarium quattuor in palis consistit, uno pro tribus mensibus.
Gaudeo, quod vivo. Sed patriam desidero.
Memini navis, tempestatis, naufragii, comitum mortuum.
Cogito de parentibus, fratre, sorore, amicis, etiam Aurelia.
Propinqui tristes erunt, quod putant me in mare periisse.
Credo patrem tectum novum casae construxisse, quod consilium suum fuerat.
Certe mater gentes novas apium ceperit, quae copias melis apportabunt.
Marcus vix navigare volet, quia navigare tam periculosum est. Puto eum labore fabri navium gaudere.
Dora linguam Latinam discere debet. Certe magistra eae paulo adest.
Aureliane, quam amicam petere volueram, de me cogitat?
Postquam audivit de naufragio, alium adulescentem reppererit.
Hodie omnes valde desidero.

Sub caelo semper capitis tectum, quod me a sole defendit, gero. Est corbis textilis lata rotunda, quae capiti cavum dat.
Tempestatibus hodie e pellibus galerum altum feci. Sed tempestates hic rarae sunt.

Jetzt lebe ich ein ganzes Jahr auf der Insel. Im Kalender hatte ich diesen Tag kommen sehen.
Der Kalender besteht aus vier Pfählen, je einem für drei Monate.
Ich freue mich, dass ich lebe. Aber ich habe Heimweh.
Und ich denke an das Schiff, den Sturm, den Schiffbruch und die toten Gefährten.
Und ich denke an meine Eltern, meinen Bruder, meine Schwester und meine Freunde, auch an Aurelia.
Meine Verwandten werden traurig sein, weil sie meinen, dass ich im Meer umgekommen bin.
Ich glaube, dass mein Vater das neue Hausdach gebaut hat, was sein Plan gewesen war.
Bestimmt hat meine Mutter neue Bienenvölker eingeschlagen, die viel Honig bringen werden.
Marcus wird kaum zur See fahren wollen, weil zur See fahren so gefährlich ist. Ich glaube, dass er am Beruf des Schiffszimmermanns Freude hat.
Dora muss Latein lernen. Bestimmt hilft die Lehrerin ihr ein bisschen.
Denkt Aurelia, die ich als Freundin hatte gewinnen wollen, an mich?
Nachdem sie vom Schiffbruch gehört hat, wird sie einen anderen jungen Mann gefunden haben.
Heute vermisse ich sie alle sehr.

Im Freien trage ich immer eine Kopfbedeckung, die mich vor der Sonne schützt. Es ist ein breiter runder stöffener Korb, der dem Kopf Platz bietet.
Für Unwetter habe ich heute aus Fellen einen hohen Hut gemacht. Aber Unwetter sind hier selten.

Psittacus nos convenit, super palos stetit. Saepe audiverat Iacconem latrare, nunc vocem aequam facere studuit.
Iacco hospite gaudebat. Ambo diu latrabant. Tandem clamavi: « Desinite! Psittacum nomina nostra dicere docebo.
Psittace! Is canis est Iacco. Dic: Iacco. »
(I myself call him Jacky. But I assume that the parrot prefers to learn Latin words and names.)
Psittacus magno labore exercebat: « Ao – Icco – Cao » – tandem: « Iacco. »
« Et nunc dic nomen meum, Psittace! Ego sum Rubeculus. Dic: Rubecule. »
Psittacus: « Rucule – Rubeluc – Ruecul » – tandem: « Rubecule. »
Gaudebimus, cum psittacus laetus nos saepe convenit.

Ein Papagei hat uns besucht, er stand auf der Palisade. Er hatte Jacky oft bellen hören, und nun bemühte er sich, eine gleiche Stimme zu machen.
Jacky freute sich über den Gast. Beide bellten lange.
Endlich rief ich: « Hört auf! Ich werde den Papagei unsere Namen sprechen lehren.
Papagei! Dieser Hund heißt Iacco. Sprich: Iacco. »
(Ich selber nenne ihn Jacky. Aber ich glaube, der Papagei lernt lieber lateinische Wörter und Namen.)
Der Papagei übte mit großer Anstrengung: « Ao – Icco – Cao » – endlich: « Iacco. »
« Und nun sag meinen Namen, Papagei! Ich bin Rubeculus. Sprich: Rubecule. »
Der Papagei sagte: « Rucule – Rubeluc – Ruecul » – endlich: « Rubecule ».
Wir werden uns freuen, wenn der lustige Papagei uns oft besucht.

Iterum capram capere volui. Iacconem in hortulo reliqui. Benigne accessi, verba suava dixi, ea quiete stetit.
Sed tum linum mittere volui, et bestia prudens fugit.

Aeger sum. Nullus cibus me delectat. Nihil edo, solum aquam bibo. Vires me deficiunt. Vix super palos scandere et paucos passus ad latrinam ire possum.
Cum in patria aeger eram, semper mater aderat. Quondam cum valde aeger fui, parentes medicum arcessiverunt.
Cum in navi unus ex nautis aeger erat, comites probi ei auxilium dare poterant.
Hic Iacco solus comes est. Qui sentit me miserum esse, sed nescit me aegrum esse.
Iacco dominum suum colere vult, sed colere non potest. Diabolus miser sum. O mamma, cur abes?

Nondum valeo, sed valesco. Grana ficumque edi, vinum bibi.
Deo gratias ago, quod me sanavit.
Hodie iterum vita gaudeo.
Cras iterum laborabo.

Nonnullas horas in agro laboravi. Contentus sum, lassus sum.

Wieder wollte ich eine Ziege fangen. Jacky ließ ich im Gärtchen zurück. Ich ging sanft an die Ziege heran und sprach freundliche Worte, sie stand ruhig da.
Aber dann wollte ich das Seil werfen, und das gescheite Tier entfloh.

Ich bin krank. Kein Essen schmeckt mir. Ich esse nichts, sondern trinke nur Wasser. Meine Kräfte lassen nach. Ich kann kaum über die Palisade steigen und die paar Schritte zum Abtritt gehen.
Wenn ich zu Hause krank war, war immer meine Mutter da. Einmal, als ich sehr krank war, riefen meine Eltern einen Arzt herbei.
Wenn auf dem Schiff einer der Seeleute krank war, konnten ihm gute Gefährten Hilfe leisten.
Hier ist Jacky der einzige Gefährte. Er merkt, dass ich arm dran bin, weiß aber nicht, dass ich krank bin.
Jacky möchte seinen Herrn pflegen, kann es aber nicht.
Ich bin ein armer Teufel. O Mama, warum bist du nicht da?

Ich bin noch nicht gesund, werde aber gesund. Ich habe Körner und eine Feige gegessen und Wein getrunken.
Ich danke Gott, dass er mich geheilt hat.
Heute freue ich mich wieder am Leben.
Morgen werde ich wieder arbeiten.

Ich habe einige Stunden auf dem Acker gearbeitet. Ich bin zufrieden, ich bin müde.

Sol nondum occidit, unam paginam diarii scribere possum.
Quid Iacconem meum tam excitat? Iterum atque iterum naso me attingit.
Naso ad palos ostendit, codam movet.
Tandem ad parvulas fenestras ii et ad litus et mare spectavi.
Nullam bestiam animadvertere potui. Fortasse simia praeteriit.
Saepe vestigia simiarum, sed nondum simiam vidi.
(I pretend to know most deer tracks on this island.)
Nunc sol occidit, nox adest, Iacco dormit. Partem panis edam, deinde quiescam.

Prima luce cum Iaccone ad litus ii. In arena vestigia vidi, quae me terruerunt.
Vestigia simiae non sunt. Vestigia hominis sunt.
Ego ex eo die, quo animal parvum malum me in pedem nudum pupugit, hortulum numquam sine caligis relinquo.

Die Sonne ist noch nicht untergegangen, ich kann noch eine Seite Tagebuch schreiben.
Was macht meinen Jacky so unruhig? Immer wieder stupst er mich mit der Schnauze an.
Er zeigt mit der Schnauze zur Palisade und wedelt.
Ich bin nun doch an die Sehschlitze gegangen und habe auf den Strand und das Meer geschaut.
Ich konnte kein Tier bemerken. Vielleicht ist ein Affe vorbeigegangen.
Oft habe ich Spuren von Affen, aber ich habe noch keinen Affen gesehen.
(Ich kann sagen, dass ich die meisten Tierspuren auf dieser Insel kenne.)
Nun ist die Sonne untergegangen, es ist Nacht, Jacky schläft. Ich werde ein Stück Brot essen, dann schlafen.

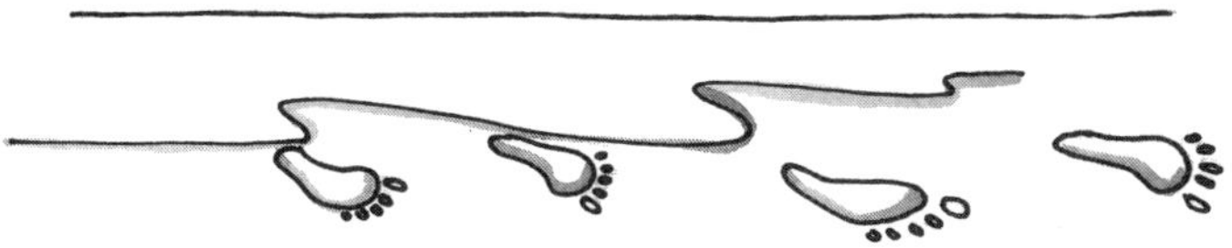

Frühmorgens ging ich mit Jacky an den Strand. Im Sand sah ich Fußspuren, die mich erschreckten.
Es sind keine Affenspuren. Es sind Menschenspuren.
Ich verlasse seit dem Tag, an dem mich ein kleines böses Tier in den nackten Fuß gestochen hat, das Gärtchen niemals ohne Stiefel.

Nunc non ignoro hominem in insula esse aut paulo ante fuisse.
Estne nauta, quem calamitas ad litus meum pepulit?
Estne sceleratus, quem nautae in insulam expulerunt?
Num est pirata, qui omnia, quae invenire potest, rapere vult?
Sed cur solus est et cur pedibus nudis ambulat?
Et ubi comites eius sunt? Ubi navis eorum est?
Iacco nasum in vestigia impressit. Non latravit, sed codam movit.
Mecum secundum vestigia in silvam ire voluit.
Sed imperavi « Veni ! », et in sedem nostram rediimus, in castellum nostrum.
Vicinumne ab eo die habebo? Utrum probum an periculosum?
Oportet me litus observare.
Arma parabo, gladium, duo sclopeta, pulverem mirabilem.

Piratae veniunt.

Per duos dies non scripsi. Itaque de duobus diebus nuntiabo.
Ante tres dies vestigia hominis videram, quae me perterrebant.
Postero die, una hora ante vesperem, homines vidi, duodecim viros nigros, qui duabus naviculis insulam petiverunt.

Jetzt weiß ich genau, dass ein Mensch auf dieser Insel ist oder vor Kurzem war.
Ist es ein Seemann, den ein Unglück an meinen Strand geworfen hat?
Ist es ein Verbrecher, den Seeleute auf diese Insel verbannt haben?
Ist es etwa ein Pirat, der alles, was er finden kann, rauben will?
Aber warum ist er allein, und warum geht er barfuß?
Und wo sind seine Leute? Wo ist ihr Schiff?
Jacky presste seine Schnauze in die Spur. Er bellte nicht, sondern wedelte.
Er wollte mit mir entlang der Spur in den Wald gehen.
Aber ich befahl « Komm ! », und wir gingen zurück in unser Heim, in unsere Burg.
Werde ich von diesem Tag an einen Nachbarn haben?
Einen guten oder einen gefährlichen?
Ich muss den Strand beobachten.
Ich will meine Waffen herrichten, den Säbel, die zwei Gewehre, das wunderbare Pulver.

Die Piraten kommen.

Zwei Tage lang habe ich nicht geschrieben. Ich werde über die zwei Tage berichten.
Vor drei Tagen hatte ich Fußspuren eines Menschen gesehen, die mich sehr erschreckten.
Am nächsten Tag, eine Stunde vor dem Abend, sah ich Menschen, zwölf schwarze Männer, die in zwei Booten auf meine Insel zusteuerten.

Piratae non erant. Puto eos indigenas terrae continentis fuisse.
Arenam adeunt, ad silvam properant, alium virum e silva trahunt et ad litus portant.
Ignem incendunt, vestes captivi in flammas mittunt, eum nudum ad palum vinciunt.
Sol occidit, nox aderat, sed luna paulum luminis dabat.
Candelam ardore perpetuo incendi et ad palos portavi.
Duo viri feri hasta ferrea ad captivum accesserunt. Putavi eos eum torrere et devorare velle.
Sclopetum primum incendi. Clamor sonavit. Qui viros terruit, sed non expulit.
Oravi « Care deus, serva captivum ! » – tum secundo sclopeto ignem dedi.

Es waren keine Piraten. Ich glaube, es waren Eingeborene vom Festland.
Sie betreten den Sand, laufen in den Wald, holen einen Mann heraus und schleppen ihn an den Strand.
Sie machen Feuer, werfen die Kleider des Gefangenen in die Flammen und binden ihn nackt an einen Pfahl.
Die Sonne ging unter, es war Nacht, aber der Mond gab ein wenig Licht.
Ich zündete an der immerwährenden Glut eine Kerze an und trug sie zur Palisade.
Zwei wilde Männer mit einem eisernen Spieß gingen zu dem Gefangenen hin. Ich glaubte, sie wollten ihn braten und fressen.
Ich feuerte das erste Gewehr ab. Ein Knall ertönte. Der erschreckte die Männer, vertrieb sie aber nicht.
Ich betete «Lieber Gott, schütze den Gefangenen!» – dann gab ich mit dem zweiten Gewehr Feuer.

Ingente clamore mille grana plumbi super capita virorum improborum volaverunt. Fortasse nonnulla grana non paucos eorum vulneraverunt. Captivum palus servavit. Viri animo defecerunt. Eum, arma, copias reliquerunt et ad naviculas cucurrerunt. Tertium clamorem, multos clamores, non sclopeto, sed pulvere mirabili feci. Catenam cistularum ante palos et initium lini per portulam Iacconis ad me posueram. Linum incendi. Flamma celeriter processit. Pulvis mirabilis ex omnibus cistulis fulgura ingentia peperit, quae et per totum litus et usque ad caelum luxerunt. Me et Iacconem pali defenderunt.

Unter gewaltigem Krach flogen tausend Bleikörner über die Köpfe der bösen Männer hinweg.
Vielleicht verwundeten manche Körner ziemlich viele von ihnen. Den Gefangenen schützte der Pfahl.
Die Männer verloren den Mut. Sie ließen ihn, ihre Waffen und ihre Vorräte zurück und rannten zu den Booten.
Ich löste den dritten Knall aus, viele Knalle, nicht mit dem Gewehr, sondern mit dem wunderbaren Pulver.
Ich hatte die Kette der Kästchen vor die Palisade, das Schnur-Ende durch Jackys Pförtchen zu mir gelegt.
Ich zündete die Schnur an. Die Flamme rückte rasch vor.
Das wunderbare Pulver brachte aus allen Kästchen ungeheure Blitze hervor, die über die ganze Bucht hin und bis zum Himmel leuchteten.
Mich und Jacky schützte die Palisade.

Viri feri cunctis viribus mare liberum petiverunt. Magno timore ad litus spectaverunt. Ea omnia in lumine lunae vidi.
Fortasse ei homines feri putaverunt monstra eos expulisse.
Credo eos per multos annos insulam meam non iam convenire.

Ex armis gladium tantum cepi, super palos scandi. Iacconem arcessere non debui. Qui iam ad portulam cucurrerat et excesserat.
Ad litus iimus. Iacco latravit. Non iimus, cucurrimus, caligas amisi.
Apud focum sceleratorum captivus stetit, adulescens niger. Quem ei filis fortibus ad palum vinxerant.
Certe Latinus erat. In lingua Latina dixi: « Non hostis sum. »
Is: « Sum. »
Nomen suum exspectavi. Is autem tacuit. Me, barbam rubram, gladium, etiam Iacconem timebat.
Gladium in arenam posui. Cani meo imperavi « Conside » et, quia dubitavit, magna voce « Mane ! » Captivum cultro parvo a vinculis liberavi.
Is ad solum cecidit et manus sustulit, quod putavit me, qui eum servaverat, deum esse.
Dixi: « Non deus sum. Homo sum. Rubeculus sum. »
Is respondit: « Sum. »

Die wilden Männer suchten mit aller Kraft das offene Meer zu erreichen. Sie blickten mit großer Angst zur Küste. Das alles sah ich im Licht des Mondes.
Vielleicht meinten diese wilden Menschen, böse Geister hätten sie vertrieben.
Ich glaube, sie werden meine Insel viele Jahre nicht mehr besuchen.

Ich nahm von meinen Waffen nur den Säbel und stieg über die Palisade. Jacky musste ich nicht herbeirufen. Der war schon zum Pförtchen gerannt und rausgelaufen. Wir gingen an den Strand. Jacky bellte. Wir gingen nicht, wir rannten, ich verlor meine Stiefel.
Nahe bei der Feuerstelle der Verbrecher stand der Gefangene, ein schwarzer junger Mann. Ihn hatten sie mit starken Schnüren an den Pfahl gefesselt.
Gewiss war er ein Latino. Ich sagte auf lateinisch: « Ich bin kein Feind. »
Er sagte: « Sum. »
Ich erwartete seinen Namen, aber er schwieg. Er hatte Angst vor mir, meinem roten Bart und meinem Säbel, auch vor Jacky.
Ich steckte den Säbel in den Sand. Meinem Hund befahl ich « Sitz ! » und, weil er zögerte, mit lauter Stimme « Bleib ! » Mit einem kleinen Messer befreite ich den Gefangenen von den Fesseln.
Er fiel zu Boden und hob die Hände, weil er meinte, ich, der ihn gerettet hatte, sei ein Gott.
Ich sagte: « Ich bin kein Gott. Ich bin ein Mensch. Ich bin Rubeculus. »
Er antwortete: « Sum. »

Cognovi eum verba mea non intellexisse.
Gestibus rem demonstrare potui.
Ad caelum ostendi, dixi: « Pater noster, qui est in caelis, nos servavit. »
Iacco neque verba neque gestus intellexit.
Decrevi hospitem Quintum nominare, quia quinto die septimanae hic advenit.
Ad palos psittacus nos exspectabat. Ego: « Psittace, is adulescens Quintus est, dic vocativum Latinum: Quinte! »
Psittacus repente laete: « Quinte! »
Hospiti aquam cum paulo vini dedi, quam magna siti bibit, ficas et panem, quod magna fame devoravit, vestes, quibus gaudebat, quia eum calefaciebant.
Gratias mihi egit in lingua barbara et somno se dedit.

Ich erkannte, dass er mich nicht verstanden hatte.
Mit Gesten konnte ich die Sache erklären.
Ich zeigte zum Himmel und sagte: « Unser Vater, der im Himmel ist, hat uns gerettet. »
Jacky verstand weder die Worte noch die Gesten.
Ich beschloss, den Gast Quintus zu nennen, weil er am fünften Tag der Woche hergekommen ist.
Auf der Palisade erwartete uns der Papagei. Ich sagte: « Papagei, dieser junge Mann ist Quintus, sprich den lateinischen Vokativ: Quinte ! »
Der Papagei sagte sofort fröhlich: « Quinte ! »
Ich gab dem Gast Wasser mit etwas Wein, was er mit großem Durste trank, Feigen und Brot, was er mit großem Hunger verschlang, und Kleider, über die er froh war, weil sie ihn wärmten.
Er dankte mir in einer ausländischen Sprache und legte sich schlafen.

Prima luce cogitavi: Ubi est navicula, qua Quintus insulam pervenerat?
Ad litus ii, mecum Quintus et Iacco. Prope palos caligas, quas heri amiseram, vidimus.
Bene. Sed ubi vehicula erat?
Iacco eam ad initium silvae repperit.
Gaudeo, quod vehiculum habemus, quo ad teram continentem transire poterimus.
Portum quaeremus, a quo naves in Europam navigant. Americam Latinam relinquam, patriam videbo.

Stultus sum. Heri stulta scripsi. Nam si in terram continentem veniemus, inimici Quinti nos necabunt.
Aut fortasse mihi licebit in Europam ire, sed Quintus certe periet. Quod maxime vitare volo.
Hic in ea insula manere et navem Europaeam exspectare debemus.

Quintus nullum verbum Latinum dicit.
Psittacus noster tria verba, quae intellegit, dicere potest: Rubecule, Quinte, Iacco. Sed omnia alia, quae dicit, non intellegit.
Quintus intellegere debet, quod dicit. Studebo eum linguam Anglicanam discere.

Frühmorgens überlegte ich: Wo ist das Boot, mit dem Quintus auf die Insel gelangt war?
Ich ging an den Strand, mit mir Quintus und Jacky.
Nahe bei der Palisade sahen wir die Stiefel, die ich gestern verloren hatte. Gut. Aber wo war das Boot?
Jacky fand es am Waldrand.
Ich freue mich, dass wir ein Fahrzeug haben, mit dem wir ans Festland übersetzen können.
Wir werden einen Hafen suchen, von dem Schiffe nach Europa segeln. Ich werde Lateinamerika verlassen, ich werde die Heimat wiedersehen.

Ich bin dumm. Gestern habe ich dummes Zeug geschrieben. Denn wenn wir aufs Festland kommen, werden Quintus' Feinde uns töten.
Oder vielleicht wird man mir erlauben, nach Europa zu fahren, aber Quintus wird bestimmt umkommen.
Das will ich unbedingt vermeiden.
Wir müssen hier auf dieser Insel bleiben und auf ein europäisches Schiff warten.

Quintus spricht kein Wort Latein.
Unser Papagei kann drei Wörter sprechen, die er versteht: Rubecule, Quinte, Iacco. Aber alles andere, was er sagt, versteht er nicht.
Quintus soll verstehen, was er sagt. Ich will mich bemühen, dass er Englisch lernt.

Duo anni praeterierunt.
In quibus diarium non in lingua Latina sed in Anglicana scribebam.
Partes Latinas in Anglicanum converti.
Quintus, cui in patriam suam redire non licet, mecum patriam meam petit.
Cras cum Hispanis, qui heri advenerunt, insulam relinquemus.
Qui insulam petiverant, quod aquam suavem capere volebant.
Putabant se insulam invenisse. Sed manifestum erat me primum hic fuisse. Qua de causa concederunt insulam mihi esse.
Dixerunt: « Si tu insula tuam nobis vendes, nos te et servum nigrum tuum in Britanniam ducemus. »
(Of course I'm having in mind that I had previously assigned this island to our King. But I assume that he prefers to gather two live citizens than to possess an island he's never heard about.)
Negotium confirmavi, sed addidi: « Quintus non servus est. Civis Britannicus est. »
Iacco latravit et circum nos cucurrit. Puto eum iter providisse.
Quintus caput movit. Nullum verbum dixit. Non probavit homines insulas emere et vendere.

Zwei Jahre sind vergangen.
In denen habe ich das Tagebuch nicht auf lateinisch, sondern auf englisch geschrieben.
Die lateinischen Teile habe ich ins Englische übersetzt.
Quintus, der nicht in seine Heimat zurückkehren darf, will mit mir in die meine gehen.
Morgen werden wir mit den Spaniern, die gestern gekommen sind, die Insel verlassen.
Sie haben die Insel angesteuert, weil sie Süßwasser aufnehmen wollten.
Sie meinten, sie hätten die Insel entdeckt. Aber es war offenkundig, dass ich zuerst hier war. Darum haben sie zugegeben, dass die Insel mir gehört.
Sie sagten: « Wenn du uns deine Insel verkaufst, werden wir dich und deinen schwarzen Sklaven nach Britannien bringen. »
(Natürlich ist mir bewusst, dass ich schon früher diese Insel unserem König übereignet habe. Aber ich nehme an, dass es ihm lieber ist, zwei lebende Bürger zu bekommen, als eine Insel zu besitzen, von der er nie gehört hat.)
Ich habe das Geschäft bestätigt, aber hinzugefügt: « Quintus ist kein Sklave. Er ist britischer Bürger. »
Jacky bellte und rannte um uns herum. Ich glaube, er hat die Reise vorausgeahnt.
Quintus schüttelte den Kopf. Er sagte kein Wort. Er fand es nicht gut, dass Menschen Inseln kaufen und verkaufen.

Capras – patrem, matres, pullos – in libertatem dimisimus. Quintus secundo die post adventum eas ceperat, paulo salis, verbis benignis. Per duos annos ab eis lac et caseum accipiebamus.

Nonnulla in Britannia nova et mihi ignota erunt. Aliam puellam invenire debebo. Faber probus, agricola bonus sum. Familiam alere possum.
Etiam Quintus amicam aut uxorem reperiet. Certe una eum amabit. Vir colore nigro est, sed mente sana, animo bono, virtute firma.
Scripturas Anglicanas mecum capiam.
Homines in Britannia posteris in diebus eum librum de nobis, quem certe poeta clarus scribet, legere poterunt.
Qui res narrabit, quae lectoribus placent.
De eo tecto capitis, quod plerumque gerebam, non nuntiabit, sed de mirabili galero alto, quem pro tempestate feci.
Et fortasse dicet me maxime pium fuisse.
Vero solum in periculis et ante et post pericula oro.
Non male est. Ita libri sunt.

Diarium Latinum protinus in mensam cavernae deponam et relinquam.
Homini, qui ea folia inveniet et linguam Latinam cognovit, sincere dico: Salve! Vale!

Die Ziegen – den Vater, die Mütter, die Jungen – haben wir in die Freiheit entlassen. Quintus hatte sie am zweiten Tag nach seiner Ankunft eingefangen, mit ein bisschen Salz und freundlichen Worten. Zwei Jahre lang bekamen wir von ihnen Milch und Käse.

Manches in Britannien wird mir neu und unbekannt sein. Ich werde ein anderes Mädchen finden müssen. Ich bin ein tüchtiger Handwerker und ein guter Landwirt. Ich kann eine Familie ernähren.
Auch Quintus wird eine Freundin oder Ehefrau finden. Bestimmt wird ihn eine lieben. Er ist schwarz von Farbe, aber er ist gescheit, guten Mutes und grundanständig.
Die englischen Aufzeichnungen nehme ich mit.
Die Menschen in Britannien werden in späterer Zeit das Buch über uns lesen können, das bestimmt ein berühmter Dichter schreiben wird.
Der wird Sachen erzählen, die den Lesern gefallen.
Er wird nicht von der Kopfbedeckung berichten, die ich meistens trug, sondern von dem wunderlichen hohen Hut, den ich für Unwetter gemacht habe.
Und vielleicht wird er sagen, dass ich ungeheuer fromm war. In Wirklichkeit bete ich nur in Gefahren und davor und danach.
Es ist nicht schlimm. So sind die Bücher.

Das lateinische Tagebuch werde ich gleich auf dem Tisch der Höhle niederlegen und hier lassen.
Dem Menschen, der die Blätter findet und Latein kann, sage ich von Herzen: Sei gegrüßt! Leb wohl!

Postscriptum: id est: quod post finem diarii scripsi.
Psittacum nostrum relinquimus. In Britannia neque comites neque mulierem reperire potest. Exspecto eum nobiscum usque ad litus volare, tamen hic manere.
Iterum atque iterum clamabit « Rubecule, Quinte, Iacco », fortasse per totum annum, fortasse per nonnullos annos, sed nemo ad palos veniet. Tristis erit.
Nos quoque memores eius tristes erimus. Simul ridebimus: Vicinus laetus erat.
Vale, psittace!

Postscriptum: das heißt: was ich nach dem Ende des Tagebuchs geschrieben habe.
Unseren Papagei lassen wir zurück. In Britannien kann er keine Kameraden und kein Weibchen finden.
Ich erwarte, dass er mit uns bis an den Strand fliegen, aber doch hierbleiben wird.
Er wird immer wieder laut rufen « Rubecule, Quinte, Iacco », vielleicht ein ganzes Jahr, vielleicht einige Jahre lang, aber niemand wird an die Palisade kommen. Er wird traurig sein.
Auch wir werden in Gedanken an ihn traurig sein – und zugleich lachen: Er war ein lustiger Nachbar.
Leb wohl, Papagei!

Das Vokabelverzeichnis soll den Lesern dieses Buches – den Latein-Anfängern und -Amateuren unter ihnen – die Stammformen der im Text vorkommenden Vokabeln nachweisen. Es nennt manchmal auch andere Bedeutungen eines lateinischen Wortes als die in der Übersetzung gebrachten.

Abkürzungen:
m maskulin, *f* feminin, *n* neutrum;
gen Genitiv, *dat* Dativ, *acc* Akkusativ, *voc* Vokativ, *abl* Ablativ;
pers Person, *sing* Singular, *pl* Plural, *adj* Adjektiv, *adv* Adverb; *AcI* Akkusativ mit Infinitiv
praes Präsens, *pf* Perfekt, *pf praes* Perfektform mit Präsensbedeutung, *plpf* Plusquamperfekt, *fut* Futur;
→ siehe.

Vokabelverzeichnis

Substantive (Nomina)

Wo das Verzeichnis keine Genitivform nennt, lautet die Genitiv-Endung -ae oder -i. Ein paar Casus-Besonderheiten sind angegeben. Das grammatikalische Geschlecht ist nur notiert, wo es sich nicht von selbst versteht.
Die u- und die e-Deklination sind möglicherweise Neuland.
u-Deklination: motus, motus, motui, motum, motu;
motus, motuum, motibus, motus, motibus
e-Deklination: res, rei, rei, rem, re;
res, rerum, rebus, res, rebus

absentia   Abwesenheit
adulescens, adulescentis   junger Mann
adventus, adventus *m*   Ankunft
aedes, aedium *f pl*   Haus, Gebäude
Aequator, Aequatoris (eigentlich: circulus aequinoctialis) [Äquator
ager, agri   Acker, Feld
agricola *m*   Bauer
agricultura   Ackerbau
amica   Freundin
amicus   Freund
animal, animalis *n* (*pl* animalia)   Tier, Lebewesen
animus   Mut, Geist, Sinn
annus   Jahr
apis, apis *f*   Biene
apparatus, apparatus *m*   Gerät
apparatus fabrorum   Werkzeug für Handwerker
aqua   Wasser
arbor, arboris *f*   Baum
ardor, ardoris *m*   Hitze, Brand, Glut
arena   Sand, Sandbank
arma, armorum *n pl*   Waffen
atramentum   Tinte

auxilium Hilfe
barba Bart
barbarus unverständlich sprechender Mensch
bestia wildes Tier
bos, bovis *m+f* Rind
caelum Himmel
  sub caelo im Freien
calamus *m* Röhrchen, Schreibfeder
calamitas, calamitatis *f* Unglück
caliga Schuh, Stiefel
camera Kammer, Raum, Zimmer
candela Kerze
canis, canis *m+f* Hund
capillus Haar
capra Ziege
caro, carnis *f* Fleisch
captivus Gefangener
caput, capitis *n* Kopf
casa Hütte, Haus
caseus/caseum Käse
castellum Burg
catena Kette
causa Ursache, Grund, Sachverhalt
caverna Höhle
cavum (von *adj* cavus -a -um) Loch, Hohlraum
cena Essen, Mahlzeit
cibus *m* Speise, Nahrungsmittel
circulus Kreis
cista Kiste
cistula Kistchen
civis, civis *m* Bürger
clamor, clamoris *m* Geschrei, Lärm, Krach, Knall
coda Schwanz
collis, collis (*abl* colli) *m* Hügel, Anhöhe
color, coloris *m* Farbe
comes, comitis (*m+f*) Gefährte, Kamerad

consilium Rat, Plan, Vorhaben
copia Menge, Vorrat
corbis, corbis *f* Korb
culter, cultri *m* Messer
cura Sorge
deus (*voc* deus) Gott
diabolus Teufel
diarium Tagebuch
dies, diei *m* Tag
  diem de die täglich
  dies Solis Sonntag
distantia Abstand, Entfernung
documentum Schriftstück, Urkunde, Bericht
dominus Herr
domus domus Haus
  domum ire nach Hause gehen
dulcia *n pl* (von *adj* dulcis -e) Süßigkeiten
exemplum Beispiel
explosio, explosionis eigentlich: Auspfeifen, hier: Explosion
exsilium Exil
faber, fabri Handwerker, Zimmermann
fabula Märchen
fames, famis *f* Hunger
familia Familie
farina Mehl
fenestra Fenster
  fenestra parvula Sehschlitz
ficus, ficus *f* Feigenbaum, Feige
filius (*voc* fili) Sohn
finis, finis *f* Ende
flamma Flamme
focus Herd, Feuerstelle, Brennpunkt
folium Blatt
fons, fontis *m* Quelle
forma Form, Gestalt
fortuna Schicksal, Glück

fragmentulum Bruchstückchen, Überbleibsel
fragmentum Bruchstück, Trumm
frater, fratris Bruder
fructus, fructus *m* Frucht
frumentum Getreide
fulgur, fulguris *n* Blitz
galerus *m* Mütze, Hut
gaudium Freude, Vergnügen
gens, gentis *f* Sippe, Volksstamm
  gens apium Bienenvolk, Bienenschwarm
gestus, gestus *m* Gebärde, Bewegung
gladius Schwert, Säbel
globus Kugel
granum Korn, Krümel
gratia Dank
  gratias agere Dank sagen, danken
  auxilii comitum gratia dank der Hilfe der Kameraden
hasta Lanze, Spieß
herba Kraut, Pflanze, Halm
historia Geschichte
homo, hominis Mensch
hora Stunde
horologium Uhr
hortulus Gärtchen
hortus Garten
hospes, hospitis Gast
hostis, hostis Feind
humus *f* Erdreich
ignis, ignis *m* Feuer
indigena *m* Eingeborener, Ureinwohner
inimicus Feind
initium Anfang
instrumentum Werkzeug, Gerät
insula Insel
invasio, invasionis *f* Angriff
iter, itineris *n* Reise, Fahrt, Fußmarsch

kalendarium   Kalender (eigentlich: Schuldbuch)
labor, laboris *m*   Arbeit, Mühe, Plage
lac, lactis *n*   Milch
latrina   Abtritt (Toilette)
lector, lectoris   Leser
lens, lentis *f*   Linse
lepus, leporis *m*   Hase
liber, libri *m*   Buch
libertas, libertatis *f*   Freiheit
lignum   Holz
linea   Linie, Strich, Streifen
lingua   Sprache
linum   Leinen, Flachs, Schnur, Faden
litus, litoris *n*   Küste, Strand
lumen, luminis *n*   Licht, Lichtschein, Leuchte
luna   Mond
lux, lucis *f*   Licht, Tageslicht
  lux incerta   Zwielicht, Dämmerung
macula   Fehler, Fleck, Klecks
magistra   Lehrerin
mamma   Brust, Mama
manus, manus *f*   Hand
mare, maris *n*   Meer
mater, matris   Mutter
materia   Material, Stoff
medicus   Arzt
medium   Mitte
mel, mellis *n*   Honig
mens, mentis *f*   Sinn, Gesinnung
mensa   Tisch
mensis, mensis   Monat
modus *m*   Maß, Art und Weise
monstrum   Gespenst
mors, mortis *f*   Tod
motus, motus *m*   Bewegung
mulier, mulieris   Frau, Ehefrau

nasus/nasum Nase, Schnauze
naufragium Schiffbruch
nauta *m* Seemann
navicula Boot
navis, navis (*abl* navi, *gen pl* navium) *f* Schiff
negotium Geschäft
nemo, nullius (*dat* nemini) niemand
nex, necis *f* Tötung, Tod
nihil/nil nichts
nomen, nominis *n* Name
nota Eintragung, Anmerkung, Merkmal
nox, noctis *f* Nacht
oleum Öl
oliva Olive
onus, oneris *n* Last, Ladung
orbis, orbis *m* Kreis, Scheibe
ovum Ei
paeninsula Halbinsel
palma Palme, Dattel
palus Pfahl
  pali, palorum *m pl* Pfahlwand, Palisade
panis, panis *m* Brot
papyrus Papier
parentes, parentum Eltern
pars, partis *f* Teil, Stück, Seite
passus, passus *m* Schritt
pater, patris Vater
patria Vaterland, Heimat
pellis, pellis *f* Fell
periculum Gefahr
pes, pedis *m* Fuß
pirata *m* Seeräuber
piscis, piscis *m* Fisch
plumbum Blei
pluvia Regen
poeta *m* Dichter

porta   Türe, Tor
portula   Türchen
portus, portus *m*   Hafen
praeda   Beute, Ausbeute
praefectus   Befehlshaber
  praefectus navis   Kapitän
praesidium   Schutz, Schanze
preces, precum *f pl*   das/ein Gebet
propinquus   Angehöriger, Verwandter
prudentia   Klugheit
psittacus   Papagei
puella   Mädchen
puer, pueri   Junge
pullus   junges Tier
pulvis, pulveris *m*   Staub, Pulver
punctum   Punkt, Stich
puppis, puppis (*acc* puppim, *abl* puppi)   Heck, Achterschiff
radius   Strahl
radix, radicis *f*   Wurzel
ratis, ratis *f*   Floß
regio, regionis *f*   Gegend, Gebiet
remus   Ruder
res, rei *f*   Sache, Ding, Angelegenheit, Belang
rex, regis   König
rivus   Bach
saxum   Stein
  saxa, saxorum *n pl*   Riff
scala   Stufe, Leiter
sceleratus   Verbrecher
schola   Schule
sclopetum   Schießgewehr
scriptura   Schrift, Aufschrift, Schriftstück
  Scriptura Sacra   Heilige Schrift, Bibel
sedes, sedis *f*   Sitz, Wohnung
septimania   Woche
sermo, sermonis *m*   Rede, Gespräch, Unterredung

servus Diener, Sklave
signum Zeichen, Anzeichen, Markierung
silva Wald
simia/simius Affe
sitis, sitis *f* Durst
sol, solis *m* Sonne
solum Boden, Erdboden
somnus Schlaf
soror, sororis Schwester
speculum Spiegel
stulta *n pl* (von *adj* stultus -a -um) dummes Zeug
tabula Tafel, Brett
tectum Dach, Bedeckung
telum Geschoss, Gewehrkugel
tempestas, tempestatis *f* Sturm, Unwetter
tempus, temporis *n* Zeit
terra Land, Erdboden
timor, timoris *m* Furcht
umbra Schatten
unda Welle, Woge
uva Weintraube
vehiculum Fahrzeug
ventus Wind
verbum Wort
vesper, vesperi, (*abl* vespero/vespere) Abend, Westen
vestigium Spur, Fußspur
vestis, vestis *f* (*gen pl* vestium) Kleid, Anzug
via Weg, Route
vicinus Nachbar
vinculum Fessel
vinus Wein
vir, viri Mann
vires, virium *f* Kräfte
virtus, virtutis *f* Tugend, Anstand
vita Leben
vocabularium Wörterbuch

vocativus Vokativ, Anredefall
vox, vocis *f* Stimme
vultus, vultus *m* Miene, Gesicht

Verben

Im Text kommen nur Präsens- und Perfektstämme vor, nur Aktiv, nur Indikativ. Im Verzeichnis angegeben sind: Infinitiv Präsens, 1.Person Singular Präsens, 1.Person Singular Perfekt. Bei Verben der e- und der konsonantischen (der 2. und 3.) Konjugation ist im Infinitiv der betonte Vokal fett gedruckt.

abd**u**cere, abduco, abduxi wegführen
acc**e**dere, accedo, accessi herbeikommen, hinzukommen
acc**i**pere, accipio, accepi aufnehmen, erhalten
addere, addo, addidi hinzufügen, dazutun
adesse, adsum, adfui da sein, anwesend sein
  adesse comiti dem Kameraden helfen
adire, adeo, adii (mit *acc*) hingehen, herangehen an
  ventus adit ein Wind kommt auf
advenire, advenio, adveni ankommen
agere, ago, egi tun, handeln, treiben, betreiben
  gratias agere danken
alere, alo, alui ernähren, großziehen
amare, amo, amavi lieben, gernhaben
ambulare, ambulo, ambulavi umhergehen
am**i**ttere, amitto, amisi verlieren
animadv**e**rtere, animadverto, animadverti wahrnehmen, [bemerken
aperire, aperio, aperui öffnen, bahnen
appar**e**re, appareo, apparui erscheinen
appellare, appello, appellavi anrufen, benennen
apportare, apporto, apportavi herantragen, beschaffen
arc**e**ssere, arcesso, arcessivi herbeirufen, holen
ard**e**re, ardeo, arsi brennen
asc**e**ndere, ascendo, ascendi hinaufsteigen
asp**i**cere, aspicio, aspexi erblicken

attingere, attingo, attigi berühren, erreichen
audire, audio, audivi hören
bibere, bibo, bibi trinken, aufsaugen
cadere, cado, cecidi fallen
calefacere, calefacio, calefeci warm machen, wärmen
capere, capio, cepi nehmen, fassen, erobern, kapern
 gentem apium capere einen Bienenschwarm einschlagen
circumdare, circumdo, circumdedi (rings) umgeben
clamare, clamo, clamavi laut rufen, schreien
cogitare, cogito, cogitavi (de) denken (an), überlegen
cognoscere, cognosco, cognovi erkennen, kennenlernen [erkunden
 cognovi *pf praes* ich kenne, verstehe
colere, colo, colui verehren, pflegen, bewirtschaften
complere, compleo, complevi anfüllen, vollpacken
concedere, concedo, concessi nachgeben, zugestehen
confirmare, confirmo, confirmavi befestigen, bestätigen
considere, consido, consedi sich setzen, sich niederlassen
consistere consisto, constiti haltmachen, bestehen aus
construere, construo, construxi bauen, errichten
continere, contineo, continui enthalten, umfassen
convenire, convenio, conveni besuchen, treffen
convertere, converto, converti umwenden, übersetzen
coquere, coquo, coxi kochen
creare, creo, creavi erschaffen
credere, credo, credidi glauben
crescere, cresco, crevi wachsen, entstehen
cupere, cupio, cupivi verlangen, wünschen, wollen
currere, curro, cucurri eilen, laufen
dare, do, dedi geben, bieten, überlassen
 papyrum flammis dare Papier anzünden
debere, debeo, debui müssen, sollen, schulden
decernere, decerno, decrevi beschließen, entscheiden
defendere, defendo, defendi verteidigen, abwehren
 defendere a/ab schützen vor
deficere, deficio, defeci abnehmen, ermatten, verlassen
 animo deficere den Mut sinken lassen

delectare, delecto, delectavi erfreuen
 cibus me delectat die Speise schmeckt mir
delere, deleo, delevi zerstören
demittere, demitto, demisi eingraben, schütten
demonstrare, demonstro, demonstravi zeigen
deponere, depono, deposui ablegen, niederlegen, aufgeben
desiderare, desidero, desideravi (mit *acc*) sich sehnen nach
desilire, desilio, desilui hinab-, herabspringen
desinere, desino, desii aufhören
devorare, devoro, devoravi verschlingen
dicere, dico, dixi sagen, sprechen
dimittere, dimitto, dimisi entlassen
disapparere, disappareo, disapparui verschwinden
discere, disco, didici lernen
docere, doceo, docui lehren, unterrichten
dolere, doleo, dolui (de) Schmerz empfinden (über)
 pedibus doleo ich habe Fußschmerzen
 und (jemanden) schmerzen:
 pedes me dolent die Füße tun mir weh
donare, dono, donavi geben, schenken, übereignen
dormire, dormio, dormivi (*fut* dormibo) schlafen
dubitare, dubito, dubitavi zögern, zweifeln
ducere, duco, duxi führen, (wohin) bringen
edere, edo, edi essen
egere, egeo, egui (mit *abl*) bedürfen, brauchen, nötig haben
emere, emo, emi kaufen
eo → ire
esse, sum, fui sein
excedere, excedo, excessi hinausgehen, herausgehen
excitare, excito, excitavi wecken, beunruhigen
existimare, existimo, existimavi (ein)schätzen, meinen
exercere, exerceo, erxercui üben
expellere, expello, expuli vertreiben, verbannen
exspectare, exspecto, exspectavi warten, erwarten
facere, facio, feci machen, tun, handeln
flere, fleo, flevi weinen

fugere, fugio, fugi (mit *acc*) fliehen vor
fui → esse
gaudere, gaudeo (in diesem Text nur Präsensstamm) (mit *abl*)
 sich freuen (über), froh sein
gerere, gero, gessi ausführen, führen, tragen
habere, habeo, habui haben, halten
iacere, iaceo, iacui liegen
ignorare, ignoro, ignoravi nicht kennen, nicht wissen
 non ignorabat er wusste sehr gut
ii → ire
imponere, impono, imposui hineinlegen, hineinpacken
imprimere, imprimo, impressi hineindrücken
incendere, incendo, incendi anzünden, entzünden
incidere, incido, incidi einschneiden, einmeißeln
incipere, incipio, incepi beginnen
inire, ineo, inii beginnen, hineingehen
intellegere, intellego, intellexi merken, verstehen
interficere, interficio, interfeci umbringen, töten
interrogare, interrogo, interrogavi fragen
intrare, intro, intravi betreten, eintreten, eindringen
invenire, invenio, inveni finden, erfinden, entdecken
ire, eo, ii (*fut* ibo) gehen
iungere, iungo, iunxi verbinden, vereinigen
laborare, laboro, laboravi arbeiten
latrare, latro, latravi bellen
legere, lego, legi lesen, auswählen
liberare, libero, liberavi befreien, freilassen
licet, licuit es ist erlaubt, man darf, es ist möglich
manere, maneo, mansi bleiben, dauern
memento (mit *gen*) denk daran
meminisse, memini *pf praes* gedenken
mittere, mitto, misi loslassen, schicken, treiben, werfen
movere, moveo, movi bewegen, schieben
 codam movere (mit dem Schwanz) wedeln
narrare, narro, narravi (de) erzählen (von/über)
natare, nato, natavi schwimmen

navigare, navigo, navigavi segeln, rudern, paddeln
necare, neco, necavi töten
nescire, nescio, nescivi nicht wissen
nolle, nolo, nolui nicht wollen
(non vis, non vult, non volumus, non vultis, nolunt)
nominare, nomino, nominavi nennen
nuntiare, nuntio, nuntiavi (de) melden, mitteilen, berichten
observare, observo, observavi beobachten
occidere, occido, occidi niederfallen, untergehen
oportet, oportuit (mit *acc*) es ist nötig, es gehört sich (für)
opus est (mit *abl*) es ist nötig
orare, oro, oravi bitten, beten
ostendere, ostendo, ostendi zeigen, darlegen
parare, paro, paravi bereiten, herrichten
parere, pareo, parui gehorchen, sich richten nach
parere, pario, peperi hervorbringen, schaffen, verursachen
pellere, pello, pepuli stoßen, schlagen, vertreiben
penetrare, pentro, penetravi eindringen, durchdringen
perire, pereo, perii zugrundegehen
perii ich bin verloren
perterrere, perterreo, perterrui (jmd.) sehr erschrecken
pervenire, pervenio, perveni (ad) erreichen, gelangen
petere, peto, petivi zu erreichen suchen, erstreben
hostem/urbem petere angreifen
placere, placeo, placui gefallen
ponere, pono, posui setzen, stellen, legen, anlehnen, stecken
portare, porto, portavi tragen, bringen
posse, possum, potui können
praeterire, praetereo, praeterii vorbeigehen
probare, probo, probavi prüfen, beweisen, für gut befinden
producere, produco, produxi hervorbringen
providere, provideo, provisi voraussehen, vorsorgen
pungere, pungo, pupugi stechen
putare, puto, putavi glauben, meinen, vermuten
quaerere, quaero, quaesivi erwerben wollen, aufsuchen, [suchen
quiescere, quiesco, quievi ruhig sein, schlafen

redire, redeo, redii zurückgehen, zurückkommen
relinquere, relinquo, reliqui verlassen, unbeachtet lassen
remigare, remigo, remigavi rudern
reperire, reperio, repperi finden, wiederfinden
resistere, resisto, restiti stehen bleiben, Widerstand leisten
respondere, respondeo, respondi antworten, entsprechen
restare, resto, restiti übrig bleiben
restituere, restituo, restitui wiederherstellen, richten
ridere, rideo, risi lachen, auslachen
rogare, rogo, rogavi bitten, erbitten, fragen
salutare, saluto, salutavi grüßen
salve sei gegrüßt
sanare, sano, sanavi heilen
scandere, scando, scandi steigen, besteigen
scire, scio, scivi wissen
scribere, scribo, scripsi schreiben
sedere, sedeo, sedi sitzen
sentire, sentio, sensi spüren, bemerken
servare, servo, servavi bewahren, retten
spectare, specto, spectavi betrachten, schauen
stare, sto, steti stehen
studere, studeo, studui (mit *dat*) sich bemühen um
stupere, stupeo, stupui (mit *abl*) staunen (über)
sum → esse
sumere, sumo, sumpsi nehmen
superare, supero, superavi überwinden, überwältigen
superfundere, superfundo, superfudi übergießen, [überstreuen
sustuli → tollere
tacere, taceo, tacui schweigen
terrere, terreo, terrui (jemanden) erschrecken
timere, timeo, timui Angst haben, fürchten
tollere, tollo, sustuli hochheben, wegnehmen
torrere, torreo, torrui rösten, braten
trahere, traho, traxi ziehen, führen
tremere, tremo, tremui zittern
turbare, turbo, turbavi durcheinanderbringen, stören

valere, valeo, valui gesund sein
 vale leb wohl
valescere, valesco gesund werden
velle, volo, volui wollen [volo von volare heißt: ich fliege]
 (volo, vis, vult, volumus, vultis, volunt)
vendere, vendo, vendidi verkaufen
venire, venio, veni kommen
vertere, verto, verti wenden, drehen
videre, video, vidi sehen, auf etwas achten
vigilare, vigilo, vigilavi wachen, wach sein
vincere, vinco, vici siegen
vincire, vincio, vinxi schnüren, fesseln
visitare, visito, visitavi besuchen
vitare, vito, vitavi meiden, vermeiden
vivere, vivo, vixi leben
volare, volo, volavi fliegen [volo von velle heißt: ich will]
vulnerare, vulnero, vulneravi verwunden
vult → velle

Adjektive

Angegeben ist stets der Nominativ Singular, meist nur mit den Endungen für *m*, *f* und *n*, manchmal die drei Formen vollständig.

adultus -a -um erwachsen
aeger aegra aegrum krank
aequus -a -um gleich
alius alia aliud (*gen* alterius, *dat* alteri/alii)
 ein anderer, eine andere, ein anderes von mehreren
 alii aliae alia andere
alter altera alterum (*gen* alterius, *dat* alteri -ae -i)
 der, die, das andere von zweien
altus -a -um hoch, tief
ambo ambae ambo beide
antiquus - a -um alt, ehrwürdig

aridus -a -um trocken, dürr
barbarus -a -um ausländisch, fremd
bonus -a -um gut, tüchtig, günstig
brevis -is -e kurz
carus -a -um lieb, wert
cavus -a -um hohl
celer celeris celere schnell
certus -a -um sicher, bestimmt
ceteri -ae -a die übrigen
clarus -a -um hell, klar, deutlich, berühmt
contentus -a -um zufrieden
continens (*gen* continentis) zusammenhängend, maßvoll
cuncti -ae -a alle
densus -a -um dicht
difficilis -is -e schwierig
dulcis -is -e (*n pl* dulcia) süß
ferreus -a -um eisern
ferus -a -um wild, grausam
firmus -a -um stark, fest, dauerhaft
fortis -is -e stark, tapfer, mutig
gravis -is -e schwer, tief
habilis -is -e handlich
ignotus -a -um unbekannt
improbus -a -um böse, schlecht
incertus -a -um unsicher
ingens (*gen* ingentis) ungeheuer, gewaltig, riesig
laetus -a -um lustig, fröhlich
lassus -a -um müde
latus -a -um breit
liber libera liberum frei, offen
magnus -a -um groß
malus -a -um schlecht, böse
manifestus -a -um (mit *gen*) handgreiflich, offenkundig
memor (*gen* memoris) eingedenk, sich erinnernd
  memor parentum im Gedenken an die Eltern
minimus -a -um sehr klein

mirabilis -is -e wunderbar, erstaunlich
miser misera miserum arm, elend
mortuus -a -um tot
multi -ae -a viele
niger nigra nigrum schwarz, dunkel
nonnulli -ae -a einige, manche, ein paar
novus -a -um neu
nudus -a -um nackt
nullus -a -um (*gen* nullius, *dat* nulli) keiner/keine/kein
obscurus -a -um dunkel, finster
omnis omnis omne jede/jede/jedes
 omnes omnes omnia alle
parvulus -a -um sehr klein, winzig
parvus -a -um klein
paulus -a -um *adv* paulo wenig, klein, ein bisschen
periculosus -a -um gefährlich
perpetuus -a -um immerwährend, ewig
pius -a -um fromm, gütig, sanft
plenus -a -um voll
 cista plena pulveris eine Kiste voll Pulver
plerique pleraeque pleraque die meisten
posterus -a -um der/die/das folgende, spätere
primus -a -um *adv* primo der/die/das erste, zuerst
probus -a -um tüchtig, rechtschaffen, anständig
propinquus -a -um benachbart, verwandt
prudens (*gen* prudentis) klug
pulcher pulchra pulchrum schön
quietus -a -um ruhig
rotundus -a -um rund
ruber rubra rubrum rot
sacer sacra sacrum heilig
sanus -a -um gesund
saxeus -a -um steinern, felsig
sceleratus -a -um verbrecherisch
secundus -a -um der/die/das folgende, zweite
septimus -a -um der/die/das siebente

sincerus -a -um aufrichtig, herzlich
solus -a -um (*gen* solius, *dat* soli) der/die/das einzige
solus Iacco aderat allein/nur Jacky war da
stabilis -is -e standfest
stultus -a -um dumm
suavis -is -e süß, lieblich, freundlich
summus -a -um der/die/das/höchste
summus mons der höchste Berg/der Gipfel des Berges
superbus -a -um stolz, hochmütig
tantus -a -um so groß
tertius -a -um der/die/das dritte
textilis -is -e stöffern, aus Stoff
totus -a -um (*gen* totius, *dat* toto) ganz
tristis -is -e traurig
unus -a -um (*gen* unius, *dat* uni) einer/eine/ein, ein [einziger
varius -a -um verschieden
vehemens (*gen* vehementis) heftig, gewaltig
verus -a -um echt, wahr, wirklich
vitreus -a -um gläsern

Adverbien, Pronomina und Präpositionen kommen auf dieser Stufe Latein nur gelegentlich vor. Die folgenden Listen sind für Leser gedacht, die dennoch eine gewisse Anfangs-Systematik haben möchten. Vielleicht plausibler und wahrscheinlich meist ausreichend sind die Anwendungsbeispiele.

Adverbien, Konjunktionen u.a.

autem (nachgestellt) aber
bene gut, tüchtig, günstig
benigne gutmütig, milde, sanft
celeriter schnell
certe sicherlich, bestimmt
cras morgen
deinde dann, darauf
denique schließlich, zuletzt

diu lange, lange Zeit hindurch
dum während
ergo also
etiam auch, außerdem
fortasse vielleicht
fortiter stark, tapfer, mutig
heri gestern
hic hier
hodie heute
iam schon
imprimis vor allem
itaque deshalb
iterum wieder, wiederum
maxime sehr, überaus, unbedingt
mox bald
nec … nec / neque … neque weder … noch
noctu nachts
nondum noch nicht
non iam nicht mehr
nonnumquam manchmal
numquam nie, niemals
paene fast, beinahe
paulo wenig, klein, ein bisschen
plerumque meistens
postea nachher, später, von nun an
protinus sofort, jetzt gleich, weiterhin
quia weil
quomodo auf welche Weise, wie
quondam einst, einmal (früher)
raro selten
recte geradeaus, richtig, zu Recht
repente plötzlich, auf einmal
saepe oft
semper immer
si wenn
simul zugleich, gleichzeitig

solum nur
non solum, sed etiam nicht nur, sondern auch
statim sofort, auf der Stelle
subito plötzlich
tamen doch, dennoch, trotzdem
tandem endlich, eigentlich
tantum (nachgestellt) so viel, nur
aquam tantum bibi ich trank nur Wasser
utrum … an ob … oder?
valde sehr
vero wirklich, tatsächlich
vix kaum, nur mit Mühe

Pronomina

relativ

qui quae quod (cuius, cui, quem/quam/quod, a quo/qua/quo)
der die das
(dessen/deren/dessen, dem/der/dem, den/die/das,
Paulus, qui natare non potuit [von dem/der/dem)
Psittacus, cuius lingua nos delectabat
Pater, cui non satis saepe aderam
Quintus, quem Latinum putaveram
Mater, a qua preces didici
qui quae quae (quorum/quarum/quorum, quibus, quos/quas/
die *pl* (deren, denen, die, von denen) [quae, a quibus
Nautae, qui arma ceperunt
Viri, quorum naviculae in arena iacebant
Piratae, quibus resistere voluimus
Animalia, quae alui et necavi
Caprae, a quibus lac accipiebamus

personal

ego (mei, mihi, me, a me) ich (meiner, mir, mich, von mir)
ego non sine caligis ad litus eo
linguam Anglicanam a me didicit

tu (tui, tibi, te, a te) du (deiner, dir, dich, von dir)
tibi panem et vinum dabo
nos (nostri, nobis, nos, a nobis)
wir (unser, uns, uns, von uns)
ventus nobis aderat
vos (vestri, vobis, vos, a vobis)
ihr (euer, euch, euch, von euch)
vidimus vos ab Europa venisse

personal und demonstrativ
is ea id (eius, ei, eum/eam/id, ab eo/ea/eo)
er sie es *und* dieser diese dieses
(seiner/ihrer/seiner, ihm/ ihr/ihm, ihn/sie/es, [von ihm/ihr/ihm)
vestem ei dedi, gratias ab eo accepi
ei/ii eae ea (eorum/earum/eorum, eis/iis, eos/eas/ea, ab eis/iis)
sie *pl und* diese *pl* (ihrer, ihnen, sie, von ihnen)
comites boni erant; eorum memor sum

reflexiv
se (sui, sibi, se, a se) sich (seiner, sich, sich, von sich)
Quintus se somno dedit
se *beim AcI* er/sie(*f*), sie(*pl*)
Iacco confirmavit se bestias non timere
Hispani putabant se insulam invenisse

possessiv (adjektivisch)
meus mea meum mein meine mein
castellum meum non superabunt
tuus tua tuum dein deine dein
omnia tua tecum portare licet
suus sua suum sein/ihr seine/ihre sein/ihr
viri naviculas suas petiverunt
noster nostra nostrum unser unsere unser
sine capris nostris in navem ibimus
vester vestra vestrum euer eure euer
navis vestra nos in Britanniam portabit

Präpositionen

a/ab (mit *abl*) von weg, von her, seit
a portu navigavimus wir fuhren vom Hafen ab
ab adventu Hispanorum seit der Ankunft der Spanier
ad (mit *acc*) an, bei (wo?), nach, zu (wohin?)
ad insulam navigavi ich fuhr zur Insel
ad palos stetit er stand an der Palisade
ante (mit *acc*) vor (wann? und wo?)
ante tempus pluviae vor der Regenzeit
ante portam cavernae vor dem Tor der Höhle
apud (mit *acc*) bei
caverna apud fontem eine Höhle bei der Quelle
circum (mit *acc*) rings um herum
terra circum solem currit Die Erde läuft um die Sonne
cum (mit *abl*) mit
cum nonnullis comitibus mit einigen Gefährten
canis mecum iit der Hund ging mit mir
de (mit *abl*) von her, von herab, über
de muro descendi ich stieg von der Mauer herab
de itinere nuntiant sie berichten von der / über die Reise
e/ex (mit *abl*) aus heraus, von her
e naviculis scandunt sie steigen aus den Booten
extra (mit *acc*) außer, außerhalb von, aus … hinaus
extra palos laboro ich arbeite außerhalb der Palisade
extra hortum currit er rennt aus dem Garten hinaus
in (mit *acc*) in hinein, nach (wohin?)
capra in silvam fugit die Ziege floh in den Wald
in (mit *abl*) in, an, bei, auf (wo?)
capra in silva mansit die Ziege blieb im Wald
psittacus in palis der Papagei auf der Palisade
inter (mit *acc*) zwischen (wo? und wohin?), inmitten von
scala inter saxa iacet die Leiter liegt zwischen Steinen
eam inter saxa movi ich schob sie zwischen Steine
iuxta (mit *acc*) dicht dabei, neben
iuxta ratem natat er schwimmt neben dem Floß her

per (mit *acc*) durch, hindurch, mittels, über … hin
per tres annos mansi ich blieb drei Jahre lang
per pedes iit er ging mittels der Füße, zu Fuß
post (mit *acc*) nach, hinter (wann? und wo?)
post tres annos scii nach drei Jahren wusste ich
post palos steti ich stand hinter der Palisade
pro (mit *abl*) für
pro captivo oravi ich betete für den Gefangenen
prope (mit *acc*) nahe bei
caverna prope fontem eine Höhle nahe bei der Quelle
secundum (mit *acc*) nach, entlang
secundum litus iimus wir gingen entlang der Küste
sine (mit *abl*) ohne
cibus sine sale eine Speise ohne Salz
sub (mit *acc*) unter (wohin?)
cibum sub saxum movi ich schob das Essen unter einen [Stein
sub (mit *abl*) unter, unterhalb (wo?)
sub arbore iacet er/sie/es liegt unter einem Baum
super (mit *acc*) über, über hinüber (wohin?)
super saxa cucurrit er rannte über die Steine
super (mit *abl*) über, oberhalb von (wo?)
luna super palmis der Mond über den Palmen
trans (mit *acc*) über hinüber, durch hindurch
trans mare navigare über das Meer segeln
usque (mit *acc*) bis
usque ad fontem ii ich ging bis an die Quelle

Eine ausführliche Auskunft über die vorliegende Edition und ihren Gebrauch für Lernen und Lehren ist im Internet zu erreichen: www.dtv.de/zweisprachig/Robinsons Tagebuch